日本は本当に戦争に備えるのですか？

虚構の「有事」と真のリスク

岡野八代
志田陽子
布施祐仁
三牧聖子
望月衣塑子

大月書店

はじめに――本書が生まれた経緯

本書は、２０２３年1月19日に「いま、リアリズムとは何か――安保三文書を議論する」というタイトルで、同志社大学大学院グローバル・スタディーズ研究科の主催するグローバル・ジャスティス・セミナー第67回として開催されたオンラインイベントを基にしています。このセミナーは、本書の中でも執筆者全員がふれるように、国民的議論もないままに、そして国会での議論も抜きにして、いわゆる安保三文書（「国家安全保障戦略」「国家防衛戦略」「防衛力整備計画」）が２０２２年12月16日、閣議決定という形で公表されたことに端を発しています。年末年始というもっとも多忙な時期に、私たち市民にとっては突然発表されたこの決定に、同僚である三牧聖子さんが危機感を抱き、三文書の何が問題なのか、問題点だけでも市民のみなさんと話し合う機会をつくろうと発案されました。

同じく同志社大学大学院グローバル・スタディーズ研究科に所属するわたしも、日本の未来だけでなく、国家としてのあり方、そして政治のあり方をも大きく転換する、もっと正確にいえば、大きく歪めることになる閣議決定に対して、わたしたち市民が声を上げなければならないと、三牧さんの提案に賛同しました。

とはいえ、いまだコロナ禍が完全に収束を迎えていないなかで、市民の声を共有できる場を確保するには、2010年のグローバル・スタディーズ研究科創設以降、連続して開催されてきた「グローバル・ジャスティス・セミナー」の一環として開催するのが適当であろうということで、三牧さんとともに開催の準備を始めました。

企画にあたり、三文書にかかわる専門家、とはいえなるべく広い視野で、現在の社会問題についても語れる方、つまり本書の執筆者の方々にお声をかけ、発案から短い期間であるにもかかわらず、問題意識を共有する3人の講師にご参加いただくこととなりました。私たちをもっとも急き立てたのは、三文書が露わにした事態の深刻さだけではなく、ここで市民の声を上げることによって歯止めをかけなければ、本当に戦争をする／巻き込まれる状況に、わたしたち自身が置かれることになるという切迫した危機感でした。

閣議決定から約ひと月のあいだに、こうして本書の執筆者5人が緊急に集まることを可能にした問題意識については、三牧さんが執筆し、岡野が若干の加筆を加えたセミナーの趣意書に明らかにされていますので、以下、当時の文章をそのまま再掲します。

岸田政権は、「日本を取り巻く安全保障環境はかつてなく厳しいものになっている」と強調し、先の12月、安保三文書を閣議決定した。「反撃能力（敵基地攻撃能力）」が初めて盛り込まれ、戦後日本の「専守防衛」政策は大きく転換することになる。2023年からの5年間の防衛費は、これまでの約1・5倍にあたる総額43兆円となる。

「安全」はさまざまな検討を要する言葉だ。まず、日本の「安全」とは何か？　それは軍事力だけで実現されるのか。「誰の」安全なのか？　新たな安全保障政策は、抽象的な「国家」ではなく、一人ひとりの具体的な「国民」の生命を守るものだろうか。いや、そもそも国家安全保障は、わたしたちの間に分断を招くのではないか。一部地域の市民やさまざまな背景をもった市民に過剰な負担や危険を押し付けかねないからだ。そして、日本もまた、「厳しい安全保障環境」と表現される国際環境を構成しているプレイヤーの一人ではないのか？　「厳しい安全保障環境」を所与の前提に、そこで生き延びるための手段を取り続けることが、日本を取り巻く安全保障環境に負の影響を与えることも考えねばならない。

市民が直面する危機は軍事的脅威だけではない。岸田政権肝煎りの全世代型社会保障構築会議が「国の存続にかかわる危機」と位置付けた少子化対策は、財源論が手つかずだ。首相自ら打ち出した「子ども予算倍増」も、具体的な財源論は進まない。防衛力強化の議論が先行するが、少子化・高齢化、若者・女性の貧困化など、その他の国家的危機への対応はなおざりにされている。

市民は防衛増税に耐えられるだろうか。歴史的に日本の防衛費の増額は経済成長による自然増だった。政府はいま、経済が停滞し、将来的な見込みも厳しい中で、未曾有《みぞう》の防衛増税に踏み切ろうとしている。個人の豊かさを示す一人当たりＧＤＰで日本は２０２２年に台湾、23年に韓国を下回る見込みだ。２００７年にシンガポール、14年には香港が既に日本を上回っている。原因はデジタル化の遅れ、労働生産性の伸び悩み、雇用形態の階層化・ジェンダー格差等の構造的なもので、日本の後退は一時的なものにはならないとみられる。

今回の安全保障政策の転換は、本当に日本を、一人ひとりの市民を守るのだろうか。本シンポジウムでは、民主主義国家でありながら、議論不在のまま決定された「転換」の問題点をあぶりだす。

講師には、憲法学の視点から「安全保障」の名のもとに犠牲にされがちな民主主義の問題を一貫して提起してきた志田陽子氏（武蔵野美術大学教授）、抑止力に過剰に傾倒してきた政府の安全保障政策を問い直し、オルタナティブを探求してきた布施祐仁氏（フリージャーナリスト）、官邸主導の米国兵器の購入の実態を長年取材し、メディアと権力の関係について積極的に問題を提起してきた望月衣塑子氏（東京新聞記者）、アメリカ外交の歴史を、非軍事的な外交路線を提起・追求する人々や集団が常にいたことに注目して研究してきた三牧聖子氏（同志社大学大学院ＧＳ研究科）を迎え、本件についてそれぞれの問題提起をしていただき、国際政治のいま、日本が戦後積み上げてきた有形・無形の様々な資産に鑑みて、日本が追求すべき「リアリズム」を考える。

短い告知期間であったにもかかわらず、３００人以上の方がセミナーに申し込まれ、当日は１００人近くの方がリアルタイムで２時間のセミナーに参加いただきました。本書の各章は、岡野が執筆した第５章を除き、セミナー時の報告内容に加筆修正を加えていただいたものです。それぞれの専門分野から、いま日本社会はどのような岐路に立っているのか、現在の流動的な国際社会のなかで、市民であるわたしたちは何を見つめ、考え、行動すべきかが説かれる本書が、読者の方一人ひとりがこの社会の構成員として、声を上げていくきっかけになれば幸いです。

日本はこんな状態ですが、本気で戦争する準備を始めるのですか？

本書全体で、いま驚くべきことがなされており、今後もなされようとしており、それを軌道修正できるのは、わたしたち一人ひとりであることをお伝えしたいと思います。

岡野八代

日本は本当に戦争に備えるのですか？　目次

第3章　市民を置き去りにした「国家」安全保障のゆくえ　三牧聖子……69

第4章　安保三文書と「高次の法」――見るべき《現実》と法の《内実》　志田陽子……103

第5章　個人なき安全保障の隘路から、ケアする政治への転換

第1章

虚構の「台湾有事」切迫論

布施祐仁
フリージャーナリスト

1　想定しているのは「台湾有事」

●日本への侵略は想定されていない

２０２２年12月16日に閣議決定された安保三文書で、岸田内閣は5年間で43兆円という未曾有の大軍拡計画を打ち出しました。５年後の２０２７年度には、安全保障関連の予算を国内総生産（ＧＤＰ）比２％にすることも明記しました。現在の水準から5兆円近く増額する、まさに「異次元」の大軍拡です。

岸田首相は閣議決定後の記者会見で、「私は、内閣総理大臣として、国民の命、暮らし、事業を守るために、防衛力を抜本強化していく」と語り、その目的が「日本の防衛」にあるかのように説明しました。安保三文書にも、防衛力の抜本強化の目的は「わが国への侵攻の抑止」にあると記されています。しかし現実に想定されているのは、ロシアがウクライナに侵攻したように、日本がどこかの国にいきなり侵攻されるという事態ではありません。

２０２２年6月24日付の朝日新聞で、陸上自衛隊の元最高幹部で東北方面総監などを歴任した松村五郎氏（元陸将）が次のように述べています。

「日本の世論は現在の防衛力に不安を感じています。大半はロシアによるウクライナ侵攻を受け、『日本も中国や北朝鮮から攻撃されるかもしれない』という不安だと思います。でも、世界の安全保障の専門家は『中国や北朝鮮がいきなり日本だけを攻撃することは考えにくい』と考えています。中国の場合、台湾侵攻や南シナ海での紛争拡大が懸念されています。中国が台湾に侵攻する際、沖縄にある在日米軍基地を攻撃する可能性はあります」

これが安全保障の専門家のリアルな見方です。現実問題として、日本がいきなり北朝鮮や中国から侵攻を受ける可能性は低い。日本が武力攻撃を受ける可能性があるとすれば、台湾海峡や南シナ海で、アメリカと中国とのあいだで武力衝突が発生し、その結果、米軍基地のある日本が攻撃を受ける事態なのです。

●「台湾有事」を煽る与党政治家たち

そのうえで、近年「台湾有事は日本有事」という趣旨の発言が、自民党の政治家からたびたび出るようになっています。たとえば２０２1年7月5日、麻生太郎氏（副総理兼財務大臣＝当時）は、「台湾で大きな問題が起きると、間違いなく『存立危機事態』に関係してくると言っても全くおかしくない。日米で一緒に台湾を防衛しなければならない」と発言しています[1]。

2015年に制定された安保法制によって、「存立危機事態」と認定されれば、集団的自衛権の行使が可能となりました。日本が武力攻撃を受けていないにもかかわらず、同盟国とともに武力行使する集団的自衛権の行使は、憲法9条のもとで許容される「我が国を防衛するため必要最小限度の実力行使」の範囲を超えるとして、それまで日本政府は「憲法上許されない」という立場をとってきました。ところが、当時の安倍晋三内閣はこの憲法解釈を180度変え、「存立危機事態」と認定されれば集団的自衛権の行使も憲法上許される、としてしまったのです。

ちなみに、「存立危機事態」とは「我が国と密接な関係にある他国に対する武力攻撃が発生し、これにより我が国の存立が脅かされ、国民の生命、自由及び幸福追求の権利が根底から覆される明白な危険がある事態」と規定されています（事態対処法2条4号）。麻生氏は、台湾有事はこれに当たるので、日米で一緒に中国と戦争をして台湾を防衛するのだと言いだしたわけです。

さらに同年12月1日には、安倍晋三元首相が、台湾で開かれたシンポジウムに日本からオンライン参加し、「台湾有事は日本有事であり、日米同盟の有事でもある。この点の認識を（中国の）習近平主席は断じて見誤るべきではない」と発言しました[2]。ここでもやはり、アメリカと一緒になって台湾有事に軍事介入していく姿勢が示されました。

（1）「〝台湾有事『存立危機事態』にあたる可能性〟麻生副総理」ＮＨＫ政治マガジン、２０２１年7月5日。https://www.nhk.or.jp/politics/articles/statement/63108.html
（2）「『台湾有事は日本有事』安倍元首相が台湾のシンポでオンライン講演」朝日新聞デジタル、２０２１年12月1日。https://digital.asahi.com/articles/ASPD15JM0PD1UHBI01K.html

2　なぜ台湾有事が日本有事になるのか？

●南西諸島を拠点にした日米共同作戦計画

こうした方向に進んでいくとどうなるかは、はっきりしています。台湾有事に日米が一体となって軍事介入すれば、日本は確実に戦場になります。

日米両政府はすでに、台湾有事を想定した日米共同作戦計画の策定作業をスタートさせています。共同通信は２０２１年12月、自衛隊と米軍が同計画の原案を策定したと報じました。記事によると、台湾有事が発生した場合、米海兵隊が南西諸島の島々に分散して臨時の軍事拠点を置き、そこに地対艦ミサイル部隊を展開して洋上の中国軍艦艇の排除に当たります。そして、自衛隊もこれを支援するというのです。

日本政府は近年、南西諸島の防衛体制を強化してきました。2016年に与那国島《よなぐにじま》に陸上自衛隊の沿岸監視隊を配備したのを皮切りに、2018年には陸上自衛隊の地対艦ミサイル部隊を奄美《あまみ》大島（鹿児島県）に、翌2019年には宮古島（沖縄県）にも配備しました。2023年には石垣島（沖縄県）と沖縄本島にも配備します。

台湾有事の際、米海兵隊が南西諸島に分散展開し、島々を拠点に中国軍艦船を地対艦ミサイルで攻撃する作戦は、EABO（遠征前進基地作戦）と呼ばれています。これを自衛隊も一緒になって行うというのです。

中国が台湾に侵攻するためには、海を渡って上陸する必要があります。台湾に向かう洋上の中国軍艦船を地対艦ミサイルで攻撃し、上陸を阻止するのがEABOの最大のねらいです。もうひとつのねらいは、中国軍艦船の太平洋への進出を阻止し、西太平洋で米軍が制海権を確保できるようにすることです。南西諸島を「壁」のようにして、中国軍を東シナ海に封じ込めようという構想です。

中国が台湾への侵攻作戦を成功させるためには、南西諸島に配備された米軍と自衛隊の地対艦ミサイルを無力化する必要があります。中国軍はミサイルや航空機などで南西諸島を攻撃するでしょう。つまり、南西諸島が戦場になるということです。それを前提に、海兵隊は島から島へと移動をくりかえし、中国軍の攻撃をかわしながら対艦戦闘を継続するというのがEABOの構想です。

日本政府は当初、南西諸島への自衛隊の配備は南西諸島の防衛が目的だと説明していました。ところが、それがいつの間にかアメリカの世界戦略に飲み込まれ、台湾防衛のためと目的が変わってしまったのです。

私が取材した、石垣島の自衛隊駐屯地のすぐ近くでパイナップルを栽培する農家の方は、「もし戦争が起きたら基地は真っ先にねらわれる。最近は台湾有事の話がよく出てくるようになって怖い。自分たちは（台湾防衛のための）『捨て石』にされるんじゃないかって」と不安を募らせていました。

「自分たちは捨て石にされるのではないか」という言葉は、与那国島や宮古島の住民の方からも聞きました。

●日本全土が戦場になる可能性がある

台湾有事で戦場になる危険があるのは、南西諸島だけではありません。

中国が台湾に侵攻するためには、制空権の確保も必要になります。そのため、台湾空軍の航空基地だけでなく、日本にある米軍の航空基地も弾道ミサイルなどで攻撃することが予測されます。米空軍はそれを前提に、米軍の航空機を米軍基地から日本全国の自衛隊基地や民間空港に分散させようと考えています。そうなれば、米軍基地だけでなく自衛隊基地や民間空港も、中国軍の攻撃目標になります。

自衛隊がこれから保有する敵基地攻撃用の中距離ミサイル（スタンド・オフ・ミサイル）が配備された場所も、中国軍の攻撃目標となるでしょう。日本政府は、「存立危機事態」における敵基地攻撃を否定していません。台湾有事を「存立危機事態」と認定すれば、中国本土の航空基地やレーダー施設などを、中距離ミサイルで攻撃することも可能になります。中国は、日本のミサイル発射を阻止するために、先手を打って攻撃してくるかもしれません。

さらに、米軍の中距離ミサイルが日本に配備される可能性もあります。そうなれば自衛隊の中距離ミサイルは、米軍の中距離ミサイルと一体に運用され、日本全土が「ミサイル発射台」として使われることになります。その結果、日本全土が中国軍のミサイル攻撃を受けることになるのです。

●「台湾有事」のシミュレーションの結果

アメリカの有力シンクタンク「戦略国際問題研究所（ＣＳＩＳ）」は２０２２年、中国が２０２６年に台湾に侵攻したという想定で、24のシナリオに基づきウォー・ゲーム（机上演習）を実施しました（85頁注参照）。

この報告書によると、ほとんどのシナリオで中国の台湾侵攻は失敗に終わりますが、アメリカと日本も、台湾防衛のために高い代償を払う結果になったといいます。米軍は、原子力空母２隻を含む艦船７〜20隻と航空機１６８〜４８４機を失い、死傷者と行方不明者は約１万人に達します。自衛隊も艦船26隻と航空機１１２〜１６１機を失います（自衛隊や日本の民間人の死傷者数は記述なし）。

在日米軍基地も中国軍の攻撃を受けます。報告書には「（沖縄の嘉手納基地の）滑走路の両脇には日米の機体の残骸が並び、軍の病院に収容された負傷者は数百人にのぼり、多数の死者に対応するため仮設墓地も作られているだろう」といった生々しい記述もあります。

報告書は、中国の台湾侵攻を阻止するためには、アメリカが在日米軍基地を戦闘作戦行動のために使用できることが不可欠だと強調しています。

●台湾有事への介入、いつ決めたのか

台湾有事が日本有事になるのは、日本がアメリカと安全保障条約を結び、米軍の駐留を認めているからです。台湾有事にアメリカが軍事介入すれば、中国は在日米軍基地などを攻撃します。さらに、日本もアメリカと一緒になって介入すれば、在日米軍基地だけでなく日本全国の自衛隊基地も攻撃されることになるでしょう。そうなれば、日本全土が戦場となり甚大な被害が出ることは避けられません。しかし、こうしたリスクについて、日本政府は国民にまったく説明していません。

そもそも、専守防衛を国是とする日本が、なぜ台湾防衛のためにアメリカと一緒になって中国と戦争をしなければならないのでしょうか。そんなことを、いつ、どこで、誰が決めたのでしょうか。少なくとも、国権の最高機関である国会で決定されたことはありません。それどころか、議論すらほとんど行われていません。

確かに、２０１５年に成立した安保法制によって政府が「存立危機事態」と認定した場合には集団的自衛権を行使することが可能になりました。しかし、あの当時の国会審議では、台湾

のことはいっさい議論されていません。当時、政府が存立危機事態となりうるケースとして挙げていたのは、中東のホルムズ海峡での危機です。イランとアメリカが戦争になり、イランがホルムズ海峡を機雷で封鎖したら、日本に原油が入ってこなくなり国民の命や暮らしが脅かされる。だから、存立危機事態と認定して自衛隊が機雷の除去を行うのは、憲法9条のもとで許される「自衛のための必要最小限度の実力行使」に含まれる、というロジックでした。

それがいつの間にか、台湾有事を存立危機事態と認定してアメリカと一緒に軍事介入するという話にすり替わり、国民にまったく説明がないまま、それを前提とした準備が着々と進められているのです。

●中国の台湾侵攻はいつ起きてもおかしくない？

いま政府・与党は、台湾有事脅威論をさかんに煽りながら「異次元の大軍拡」を進めようとしています。たとえば、自民党の安全保障調査会長を務める小野寺五典・元防衛相は次のように述べています[3]。

「（中国は）ここ20年余り、武力で台湾統一するための実力を着々とつけてきた。後は習近平がいつ指令を出すかという状況だ」「話し合いでは言うことを聞く国ではない」

いつ中国の台湾侵攻が起きてもおかしくない。そして、外交でそれを防ぐことはできないと言い切っています。そのうえで、中国の台湾侵攻を防ぐためにはどうしたらよいかという質問に対しては、こう答えています。

「いざという時は米国も日本も、台湾に対して武力も含めしっかり支援する。その構えを作る。私はこの一点に尽きると思う」

もし中国が台湾に侵攻したら、日米で一緒に軍事介入して台湾を防衛する準備をする、これしかないのだと言っているのです。まさに「抑止力」一辺倒の思考です。これは、中国の台湾侵攻の危機が迫っていることを最大の口実として「異次元の大軍拡」を進めようとしていることを示す、象徴的な発言だと思います。しかし、本当に中国の台湾侵攻の危機は迫っているのでしょうか。次節では、そのことを冷静に考えます。

（3）「国防のキーマン、小野寺五典元防衛相に田原総一朗が迫る！『台湾有事』回避の方策はこれだ！」『サンデー毎日』２０２２年12月11日号。

3　歴史的経緯を踏まえた台湾問題のリアリズム

●中国は「武力統一」をめざしているのか？

最近、「中国の台湾侵攻は、起きるか起きないかではなく、いつ起きるかだ」といった言説をよく目にします。しかし、中国が武力による台湾統一を決意したことを裏づけるファクトは出てきていません。

中国は「台湾は中国の一部」だと考えています（これを「ひとつの中国」原則と呼びます）。そして、「台湾問題を解決し祖国の完全統一を実現することは、中国共産党の歴史的任務」だとしています（２０２２年８月に公表された『台湾問題と新時代中国の統一事業白書』の記述）。しかし統一の方法は、あくまで「和平統一（平和統一）」を基本方針としています。

かつて中国は台湾の「武力解放」を目標として掲げていましたが、１９７８年12月の中国共産党中央委員会全体会議（第11期３中全会）で「和平統一」に方針転換しました。それを受けて、79年の元旦に、全国人民代表大会常務委員会の名義で「台湾同胞に告げる書」を発表し、統一は平和的な方法でめざすこと、「合理的政策と方法により、台湾人民に損失をもたらさない」ことを表明しました。この方針は現在も変わっていません。

他方、台湾の「独立」については、武力を用いてでも阻止する選択肢を放棄しないという立場です。2005年には「反国家分裂法」を制定し、「台湾の中国からの分離をもたらしかねない重大な事変が発生したとき」には、領土保全のために「非平和的方式」をとることを認めました。

中国の習近平主席も、2019年1月に開かれた「台湾同胞に告げる書」発表40周年を記念する式典で、「中国は平和統一のために広々とした空間を作り出す意思を持つが、台湾独立分裂活動にはいかなる空間も決して与えない。我々は武力の使用を放棄することを約束せず、あらゆる必要な措置を取る選択肢を持つが、それはあくまでも外部勢力の干渉と、極めて少数の台湾独立分裂勢力および分裂活動に対するもので、決して台湾同胞を対象とするものではない」と語っています。

●「台湾独立」の可能性は？

では、当の台湾は現在、独立をめざしているのでしょうか。

近年、台湾海峡で緊張が高まっているのは、２０１６年の台湾総統選挙で、綱領に「台湾共和国の建国」を掲げる民主進歩党（民進党）の蔡英文氏が当選したことがきっかけになっています。中国は民進党を「台湾独立分裂勢力」と見ており、蔡英文政権誕生以降、軍事的な威嚇《いかく》も含めてさまざまな形で、台湾独立への動きを牽制する行動を強めています。

しかし、蔡英文政権は「台湾共和国の建国」を政府の方針とはしていません。蔡総統は２０２０年1月、ＢＢＣの取材に対し、「独立国家を宣言する必要はない」「現状維持がいまもわれわれの方針だ。それが中国に対する非常に友好的な意思表示であると思う」と語りました。台湾政府としては、あくまで「現状維持」の立場なのです。

台湾の世論も、大半が「現状維持」を求めています。２０２２年6月の台湾政治大学の世論調査では、約8割が「現状維持」を希望し、「いますぐ独立」は５・１％、「いますぐ統一」は１・３％に過ぎませんでした。当面は「現状維持」で行くというのが、台湾の政府と世論の一致した立場です。この台湾のスタンスが変わらない限り、「台湾有事」が起きる可能性は低いのではないかと思います。

２０２２年8月に台湾の民間世論調査機関「台湾民意基金会」が行った調査でも、53％の人が中国の台湾侵攻が起きる可能性は「低い」と答えています。この世論調査は、ナンシー・ペロシ米議会下院議長（当時）が台湾を訪問し、それに反発した中国が台湾周辺で大規模な軍事演習を実施した直後に行われました。近年でもっとも軍事的緊張が高まった時期であったにもかかわらず、約半数の人が「中国の台湾侵攻が起きる可能性は低い」と答えたのです。ある意味、台湾の人々のほうが、日本人よりも冷静にいまの状況を見ているのではないかと思います。

●「武力統一」は軍事的にも困難

中国が台湾を武力で統一するのは、能力の面から見ても現時点では困難です。

米軍トップのマーク・ミリー統合参謀本部議長は、米議会上院歳出委員会の公聴会（2021年6月17日）で、「中国が台湾全土を制圧するための本格的能力を持つまで、まだ先は長い」「現時点で軍事的に台湾統一を進める意図も動機もほとんどないと思う」と証言しています。

冷静に考えればその通りです。中国が武力で台湾を統一するためには、海を渡って台湾に大規模な部隊を上陸させ、全土を制圧する必要があります。一般的に、侵攻する側は最低でも、防御する側の3倍の兵力が必要だと言われています。

台湾軍の陸上兵力は約10万人です。有事には100万人を超える予備役兵力を投入することも可能です。これに対して中国軍の上陸作戦能力は、一度につき最大で2万数千人だというのがアメリカの評価です。これでは、上陸が可能な地点を要塞化して待ち構える台湾軍から集中砲火を浴び、撃破される可能性がきわめて高いでしょう。

陸上自衛隊東部方面総監や統合幕僚副長などを歴任した磯部晃一氏（元陸将）も、「（中国軍が）数波にわたり、台湾海峡を往復している合間に、台湾軍の反撃を受けて、着上陸部隊は各個に撃破される可能性が高い」と述べています。[4]

甚大な人的犠牲をともなう台湾侵攻作戦の失敗は、中国共産党の支配体制を揺るがすことにもなりかねません。そんなリスクの高いことを、はたして習近平氏が強行するでしょうか。デニス・ブレア元米国家情報長官も、２０２２年11月７日に行った講演で、中国が台湾侵攻に失敗した場合「共産党の国内の政治的なコントロールを揺るがす危険がある」として、台湾有事が近く起きる可能性は低いとの見方を示しました。[5]

習近平氏が台湾侵攻を決断するとしたら、数十万人規模の上陸作戦能力を得て、作戦に成功する見込みが立ってからでしょう。しかし、マーク・ミリー統合参謀本部議長が指摘した通り、それにはまだ相当な時間がかかります。アメリカのコリン・カール国防次官（政策担当）も、下院軍事委員会の公聴会（２０２３年２月28日）でこう証言しています。

「中国の習近平国家主席も人民解放軍も、（台湾侵攻の）準備ができていると考えている兆候は見当たらない」

「台湾へ侵攻するために（準備を）急加速させる兆候も見られない」

このように、現実を丁寧に見ていけば、先ほど紹介した自民党・小野寺五典氏の「（中国は）ここ20年余り、武力で台湾統一するための実力を着々とつけてきた。後は習近平がいつ指令を出すかという状況だ」という発言が、根拠のないプロパガンダ（政治宣伝）にすぎないことがわかります。

（4）森本敏・小原凡司編著『台湾有事のシナリオ――日本の安全保障を検証する』ミネルヴァ書房、２０２２年。
（5）「台湾侵攻『リスク高すぎる』近く起こる可能性を否定　元情報長官」時事通信、２０２２年11月７日。https://www.jiji.com/jc/article?k=2022110700621

●台湾海峡の平和は外交によって創り出された

小野寺氏は、中国は「話し合いでは言うことを聞く国ではない」と述べ、外交によって台湾有事を予防する可能性を完全に否定しています。しかし、これもまったく現実を見ていないと言わざるをえません。

そもそも台湾海峡の両岸問題は、第二次世界大戦後の中国共産党と国民党との内戦（国共内戦）に端を発するものです。日本のポツダム宣言受諾（降伏）により第二次世界大戦が終結した直後の１９４５年10月10日、国民党の蔣介石と共産党の毛沢東が、内戦を回避してともに新中国を建設することで合意します（双十協定）。翌46年１月には重慶で政治協商会議が開催され、統一政府を設立することで合意しますが、その後も各地で両党の衝突が多発します。５月には、国民党が共産党を排除した形で南京に中華民国政府を発足。６月には、蔣介石が共産党支配地域への総攻撃を命令して、ついに内戦に突入します。

この内戦は共産党の勝利に終わり、１９４９年10月１日、北京を首都とする中華人民共和国の建国が宣言されます。敗れた国民党は台湾に逃れ、中華民国の首都を南京から台北に遷都しました。内戦の当事者である共産党（中華人民共和国）と国民党（中華民国）とのあいだで停戦協定が結ばれていないため、朝鮮半島のような正式な軍事境界線も存在していません。この内戦の構図が現在も続いているのです。

先ほど述べたように、中国はかつて台湾の武力解放をめざしていました。台湾も、「大陸反攻」（ふたたび大陸に攻め込むこと）によって中国全土を共産党の支配から解放するという方針を持っていました。そのため、両者はたびたび衝突していました。衝突の最前線となったのは、中国福建省の厦門《アモイ》からわずか数キロの距離にある金門島です。国民党（中華民国）はここを要塞化し、「大陸反攻」の拠点にしようとしていました。そのため中国は、たびたびこの島に砲撃を加えていました（55年の第一次台湾海峡危機、58年の第二次台湾海峡危機）。

中国が正式に金門島に対する砲撃の停止を発表したのは、１９７９年1月1日のことです。これは、まさに外交の成果でした。

外交といっても、中国と台湾の外交ではありません。中国と台湾のあいだでは、これまで一度も停戦協定は結ばれていないのです。79年1月1日は、アメリカと中国が国交を樹立した日です。アメリカはそれまで台湾（中華民国）と国交を結び、相互防衛条約に基づいて米軍も駐留させていました。しかし、中国と国交を樹立するにあたり、台湾とは断交し、相互防衛条約も破棄して駐留米軍を撤退させました。これと同時に中国は、金門島に対する砲撃を正式に停止し、「台湾同胞に告げる書」を発表して、台湾の平和統一の基本方針を内外に明らかにしました。つまり、アメリカと中国が互いに矛を収め、脅威を減らす方向で国交を樹立したのです。そして、この外交による緊張緩和が台湾海峡の平和を創り出したのでした。

●武器売却の継続と台湾関係法

米中の国交正常化交渉のなかで、両者が最後まで合意できなかったことがあります。それは、アメリカの台湾への武器売却についてでした。中国は国交樹立後の台湾への武器売却の停止を強く求めましたが、アメリカは最後までこれに同意しませんでした。最終的に両者は、この不一致点を脇に置いて国交樹立に合意しました。

アメリカは、国交樹立から3か月後の79年4月、「台湾に対し十分な自衛能力の保持に必要とみなされる量の防御的兵器および防衛上の役務を供与できるものとする」と明記した「台湾関係法」を制定します。同法は「アメリカは、台湾の人々の安全、社会や経済の制度を危険にさらすいかなる武力行使または他の形での強制にも対抗しうる能力を維持する」とも明記し、引き続き台湾の安全保障にコミットする意思を明確にしました。

アメリカは、中国が「台湾同胞に告げる書」で平和統一の基本方針を宣言したことを評価しつつも、台湾に対して武力行使しないことを中国が確約していないことから、武力行使した場合には介入する選択肢を放棄しないと意思表示したのです。台湾関係法はいまも存在しており、アメリカの方針は変わっていません。

中国は、台湾問題は中国の内政問題であり、外国は干渉・介入すべきではないという立場です。一方アメリカは、中国を代表する唯一の合法政府は中華人民共和国政府であることを認め、「台湾独立」にも反対するが、中国の台湾に対する武力行使は容認しないという立場です。この構図はいまも変わっていません。

米中国交樹立から3年後の1982年、米中は台湾への武器売却問題に関する共同コミュニケを発表しました。この中でアメリカは、中国が「台湾同胞に告げる書」などで示した台湾問題の平和的解決の意思を評価したうえで、①台湾への武器売却を長期的政策として実施するつもりはないこと、②台湾に対する武器売却は質的にも量的にも、米中国交樹立以降の数年に供与されたもののレベルを越えないこと、③台湾に対する武器売却を次第に減らしていき、一定期間のうちに最終的解決に導くつもりであること――を表明しました。

しかし、現実はこうなりませんでした。近年、中国は台湾に対する「武力による威嚇」を強め、アメリカは武器売却をはじめとする台湾への関与を拡大し、台湾海峡の緊張は高まるばかりです。この緊張をどう緩和し、台湾海峡の平和と安定を維持していくかが大きな課題となっています。

●「ひとつの中国」原則をめぐる中台の軋轢《あつれき》

現在、台湾政府は「台湾独立」をめざしておらず、台湾の世論もこれを支持しているという話はすでにしました。それなのに、なぜ中国は台湾に対する「武力による威嚇」を強めているのでしょうか。

最大の理由は、中国と台湾のあいだで「ひとつの中国」という考え方で一致できなくなっていることです。かつては、中国も台湾も「ひとつの中国」の立場で、我こそが中国を代表する正当な政府なのだと主張していました。しかし１９９０年代に入り、台湾のほうが立場を大きく変えました。中華民国憲法に新たな条文を追加し、中華民国憲法の及ぶ範囲を実質的に台湾に限定したのです。

中華民国政府が南京に置かれていた１９４６年に制定された中華民国憲法は、憲法の及ぶ範囲を中国全土と定めていました。それを、統治の実態に合わせて台湾に限定したのです。加えて、中国共産党との内戦の終結を宣言し、大陸側における中国共産党の統治を認める立場（これを「両岸分治」と呼びます）に転じました。

つまり、「中国の国共内戦レジーム」から一方的に脱却したのです。これにより、通商をはじめとする中台間の民間交流が進んだ一方、台湾の独立性が高まったことで、中台間で「ひとつの中国」という考え方が共有されない状況が生まれます。これは新たな緊張の要因となっていきます。

中国は、台湾の独立性を高める動きを警戒し、牽制・威嚇する行動を強めていきます。それがもっとも激しい形で表れたのが、96年の台湾総統選直前に起きた「第三次台湾海峡危機」でした。中国は、台湾の李登輝総統が「国際社会で『二つの中国』『ひとつの中国、ひとつの台湾』『台湾独立』を吹聴し、両岸関係を破壊している」（江沢民主席）として、圧力をかけるため、台湾周辺でミサイル発射訓練を含む大規模な軍事演習を行ったのです。これに対してアメリカが空母2隻を台湾海峡に急派し、緊張が高まりました。

近年、台湾海峡の緊張が高まっているのも、「ひとつの中国」原則を受け入れようとしない台湾の蔡英文政権を中国が牽制・威嚇し、それに対してアメリカが台湾への関与を強めているのが要因になっています。

蔡政権が「ひとつの中国」原則を受け入れようとしない背景には、台湾社会の変化があります。台湾では、みずからを中国人ではなく台湾人と認識する「台湾人アイデンティティ」を持つ人が大半になっています。かつて大陸からやってきた中国国民党が、台湾における一党独裁体制を正当化するために台湾の人々に植えつけようとした「中国人アイデンティティ」は、もはや過去のものになりつつあるのです。

中国がこの現実を認めたうえで台湾と共存共栄の関係を構築していくのがベストだと思いますが、「統一」を共産党の歴史的任務と位置づけている以上、「ひとつの中国」原則には今後も固執し続けるでしょう。

しかし重要なことは、台湾の政府も世論も、いますぐ「中華民国」であることをやめて、中国とは別の「台湾共和国」をつくろうとはしていないことです。そしてアメリカも、「台湾独立には反対する」という立場を変えていません。

「ひとつの中国」という考え方をめぐる中国と台湾の不一致は、簡単に埋められるものではなく、しばらく軋轢と緊張が続くでしょう。ただ、台湾とアメリカが「台湾独立」という中国のレッドラインを踏み越えることがない限り、中国が台湾に侵攻する可能性は低いのではないかと思います。

4　外交による戦争の予防を！

●台湾とウクライナの違い

１９９６年の第三次台湾海峡危機や、２０２２年８月にペロシ米下院議長が台湾を訪問したときなど、緊張が高まったことはありますが、１９７９年にアメリカと中国が国交を結んでから40年以上、台湾海峡で戦闘や武力行使は一度も起きていません。

２０２２年2月にロシアがウクライナに侵略して以降、これと「中国の台湾侵攻の脅威」を重ね合わせる言説が多く見られるようになりました。同年12月に閣議決定された国家安全保障戦略も、中国の台湾侵攻を念頭に「ロシアのウクライナ侵略と同様の深刻な事態が、東アジアにおいて発生する可能性は排除されない」と強調しています。

しかし、ウクライナ侵略と台湾海峡の問題はまったく別物です。ロシアのウクライナ侵略は、２０１４年に始まったウクライナ東南部・ドンバス地方の紛争の延長で起きたものです。ロシアの支援を受けて一方的に分離独立を宣言した親ロシア派武装勢力と、ウクライナ政府のあいだの紛争でした。欧州安全保障協力機構（ＯＳＣＥ）の仲介で停戦協定（ミンスク合意）が結ばれましたが、合意事項の履行が進まず戦闘が続いていました。ロシアのプーチン大統領はこれを口実として、「ロシア系住民を守る」という名目でウクライナに侵攻したのです。

一方、台湾海峡では、79年の米中国交樹立時の合意を基礎に、40年以上にわたり平和が維持されてきました。外交が現実に平和を創り出し、戦争の発生を予防してきたのです。自民党の小野寺氏のように、中国との話し合い（外交）は無駄で、軍事力で抑止するしかないのだという考えは、台湾海峡の平和を維持するために長年積み重ねられてきた外交努力を無視するもので、あまりにも不見識だと言わざるを得ません。

今後、台湾海峡での戦争を防ぐためには、軍事力による「抑止力」一辺倒の思考におちいるのではなく、79年の米中合意をはじめ、これまで台湾海峡の平和を守るために積み重ねられてきた米中、中台の外交・対話の成果を基礎に、現状をどのようにして維持していくのか、そのための外交こそが重要になっています。

●抑止力で台湾有事のリスクは下がるか？

小野寺氏のように「抑止力」一辺倒の考えに立つ人は、中国が台湾に侵攻しても確実に失敗に終わらせることができる軍備を日・米・台が持っていれば、台湾有事は起きないと説明します。はたして本当にそう言えるのでしょうか。

２０２２年10月、５年に一度の中国共産党大会が開かれたのですが、そこで習近平国家主席は次のように述べています。

「台湾の分離主義と外国の干渉に対して断固たる姿勢で闘い、国家主権と領土の一体性を守り、台湾独立反対というわれわれの強い決意と能力を誇示する」

当の台湾は、先に述べたように現状維持の立場にあり、独立するなどとは言っていません。

それにもかかわらず中国は、台湾独立反対という強い決意を示すために強大な軍事力を持ち、それを誇示するというのです。そしてこうも言っています。

「人民の軍隊を世界一流の軍隊につくりあげ、より強大な能力、より確実な手段で国家の主権、安全保障、発展の利益を守らなければならない」

つまり、世界一の軍隊をつくりあげると宣言しているのです。ということは、台湾有事への介入を想定して日米で軍拡をすれば、当然、中国もそれを上回る軍拡をしようとするでしょう。そうすると際限のない軍拡競争に入り、その力を誇示するための軍事演習など、軍事的牽制の応酬が続くことになります。

その結果、緊張が高まり、意図せぬ戦争、偶発的な衝突のリスクはますます高まっていきます。かえって台湾海峡で戦争が起きる可能性が高まってしまうのではないか、というのが私の見立てです。戦争抑止のための軍備強化が軍拡競争と緊張激化を招き、結果的に戦争のリスクを高めてしまうことを「安全保障のジレンマ」と言いますが、まさにこれにおちいる危険があるのです。

●高まる「意図せぬ戦争」の危険

亜細亜大学アジア研究所所長を務めた小林熙直《ひろなお》氏は、台湾海峡の両岸関係について次のように記しています。

「両岸関係には、現状を敵対関係とする政治の部分と、相互の経済発展にしっかりと組み込まれた経済の部分とがある。前者には中・米両国の動向が大きく影響している。この関係が良好でない時は、中国は台湾に強くでて、米国に対する台湾カードを切ることになる。その場合米国も台湾への武器供与を増加させるなどして逆のカードを切る。残念ながら米国が国共内戦の片方に梃《てこ》入れしたことからくるいわゆる中・米・台の三竦《さんすく》み関係は解消されていない。このような環境の中で微妙なバランスを保っているのが両岸の現状であろう」(6)

2001年に発表した論文での指摘ですが、この基本的な構図は今も変わっていません。台湾海峡の平和と安定を保つためには、中国と台湾だけでなく、中国とアメリカの関係を安定化させる必要があります。

アメリカ民主党政権下で国防総省の高官を務めたことがある国際政治学者のジョセフ・ナイ氏は、読売新聞に寄せた論考で次のように述べています。(7)

「米中間には経済と環境の面で相互依存関係があるため、『冷戦』に至る可能性は低くなっている。ましてや、『熱戦』が火を噴くことは考えにくい」

「ただ同時に計算違いの可能性は常にあり、また『夢遊病者のように』破滅へと歩を進めてしまう危険があるのは、第一次世界大戦に至る過程で見られたとおりだ。歴史上、パワーバランス（力の均衡）の変化を読み違えた例は、枚挙にいとまがない」

つまり、現在の米中は深い経済的相互依存関係にあるので、結果的に自分の首を絞めるような戦争を意図的に起こすことは考えにくい。しかし、パワーゲームを繰り広げていると、緊張が高まり、「計算違い」や「読み違え」によって「意図せぬ戦争」が起きてしまう危険があるのだ、と警告しているのです。ナイ氏が指摘している通り、まさに第一次世界大戦がそうでした。

軍事力は「意図する戦争」を抑止することはできても、「意図せぬ戦争」を抑止することはできません。むしろ、軍拡競争の激化は「意図せぬ戦争」のリスクを高めます。現在、私たちが直面している戦争の危機が「意図せぬ戦争」だとするならば、それを防ぐには、緊張を緩和し信頼を醸成するための外交、軍拡競争ではなく軍備管理や軍縮の方向にベクトルを向ける外交こそが必要になります。

（6）小林熙直「中国の台湾統一政策に関する一考察」亜細亜大学アジア研究所『アジア研究所紀要』28号、2001年。

（7）ジョセフ・ナイ「米中と『力の均衡』　互いの優劣見誤るリスク」読売新聞、2021年6月6日。

●覇権争いの克服をめざすASEAN外交

それをすでにやっているのがASEAN（東南アジア諸国連合）です。ASEANは2019年6月にタイのバンコクで開かれた首脳会議で、ASEAN独自の外交構想「インド太平洋に関するASEANアウトルック（AOIP）」を採択しました。

中国の力の台頭と米中対立の激化を念頭に、「（インド太平洋地域では）不信、誤算、ゼロ・サム・ゲームにもとづく行動パターンの回避を必要としている」として、ASEANが「誠実な仲介者（honest broker）」となって「対抗ではなく、対話と協力のインド太平洋地域をめざす」と宣言しました。みずからが仲介者となって米中間の対話と協力を促進し、米中戦争を予防することを、ASEANの外交構想の柱に据えたのです。

外交によって戦争を抑止しようというASEANの決意は、ロシアのウクライナ侵略が起きて以降もまったく揺らいでいません。むしろその決意は強まっています。2022年9月26日、国連総会で演説したインドネシアのルトノ外相は、次のように訴えました。

「第二次世界大戦に至るまでに経験した大恐慌、超国家主義の台頭、資源をめぐる競争、大国間の競争。これらは、今日私たちが直面しているものと非常によく似ています。このまま同じ道を進んでいくと、破滅へと向かってしまいます。インドネシアは新しいパラダイムに基づく世界を提案したい。ゼロサムではなくウィンウィン、競争ではなく協力、封じ込めではなく関与のパラダイムです。いまこそ平和の精神を再燃させる必要があります。対話と協力の習慣は、戦略的信頼を育みます。ＡＳＥＡＮはまさにこの目的のために建設されました。私たちは、新たな冷戦の駒になることを拒否します。代わりに、すべての国との協力のパラダイムを積極的に推進しています」（要旨）

いま世界では、アメリカとその同盟国が進める、ロシアや中国のような国に対し力で対抗・封じ込めようとする流れと、ＡＳＥＡＮをはじめ「グローバルサウス」と呼ばれる国々が進める、対話と協力に基づく「覇権なき国際秩序」をめざす流れがせめぎあっています。

私は後者こそ、台湾海峡も含めて東アジアで戦争を起こさない道だと考えています。日本が「抑止力」一辺倒の考えを改め、ＡＳＥＡＮと力を合わせて、米中対立を克服する仲介外交に全力を尽くす方向に舵を切れば、世界の流れにも少なくない影響を与えることができます。

●緊張緩和に貢献した日中国交正常化

かつての自民党政権は、いまのように日米同盟一辺倒、「抑止力」一辺倒ではありませんでした。それをもっとも示しているのが、１９７２年に田中角栄政権が行った中国との国交正常化でした。アメリカがまだ台湾の中華民国政府こそ中国を代表する政府だという立場をとっていた時代に、日本は台湾と断交し、中華人民共和国と国交を結んだのでした。

この直後、田中角栄首相は国会で次のように語っています。

「ですから今度はアメリカと中国の間で何でも話していただいたらどうですかと、中国と日本（とアメリカ）はまた正三角形で何でも話をいたしますと、そうすることが平和に寄与することでございますと、（北京では）こういう話し合いをしたわけでございますから、その意味でも非常に、封じ込め政策などということをやったときから考えると、今昔の感にたえないぐらい緊張緩和ということだと思います。（中略）これは、お互いが群をなすことによって、力でもって均衡を保とうというような考えと比べていかに平和的であるかということは、もう申すまでもないことであります」（１９７２年11月９日、参議院予算委員会）

まさに、日本が中国と国交を結んだことで、日本が架け橋となってアメリカと中国も話し合いをしやすくなる、そうすれば緊張緩和になる、こちらのほうが「封じ込め政策」や軍事ブロックどうしの「力の均衡」よりもはるかに平和的だ、と言っているのです。

中国と国交を樹立した6年後の1978年、日本は中国と平和友好条約を結びました。こうした日本の対中独自外交が、アメリカの外交政策にも影響を与え、79年の米中国交樹立を後押しし、台湾海峡の平和創出にもつながったのです。

日本政府は、「ひとつの中国」原則を受け入れない台湾を武力で威嚇するような中国の行動に対しては、毅然と反対すべきです。しかし、アメリカに追随して軍事力で中国に対抗していく「抑止力」一辺倒の方法では、台湾海峡と日本の平和は守っていけません。アメリカの同盟国であるとともに、中国と平和友好条約を結んでいる立場を活かし、緊張を高める行動をとらないよう米中双方に自制を求め、米中の緊張緩和と信頼醸成に貢献する。これこそ、日本の国土を戦場にしないために、いま日本政府がやるべきことだと私は確信しています。

第2章

外交なき米軍との一体化

——メディアの果たすべき役割とは

望月衣塑子
東京新聞記者

1　前のめりの岸田政権、後押しするメディア報道

2022年2月のウクライナ侵攻以降、一部メディアはこれを台湾問題と結びつけて、いかにもすぐそこに有事が迫っているような危機感を煽る報道を続けています。中には「台湾戦争」などという表現を使うテレビ局もあり、それが起これば米中間でどのような攻防がなされるのかをシミュレーションし、日本もそれに備えて防衛力を高めるべきだ、といったことを当然のように論じています。こうした報道が、岸田政権の前のめりな姿勢を後押しする方向で一気に広がってきたことに、記者として強い危機感を持っています。

志田さんの報告（第4章）の中で、政府が憲法規範を無視した政策を打ち出してきた場合、メディアがそれをファクトに基づいて検証することが民主主義国家において重要な歯止めとなるということが言われていましたが、このメディアの客観性や批判的検証という役割が、いまや非常に怪しくなっています。

私も含めて、戦争を体験していない世代がメディアの作り手の中心になってきたことも一因

かもしれませんが、なにかゲームのような感覚で「有事」を論じる軽さを感じます。保守系の新聞やテレビもそうですし、YouTubeなどではもっと煽るような論調の番組がみられます。メディアが政府の暴走を冷静に検証するよりも、むしろそれを煽って後押しする方向に作用していることに強い危惧を抱きます。

●外交なき日米軍事一体化

２０２２年末に岸田政権が安保三文書を閣議決定し、その後1月13日に日米首脳会談が行われました。これに先立つ1月9日、戦略国際問題研究所（ＣＳＩＳ）というアメリカの有名なシンクタンクが『次なる戦いの最初の戦闘』と題した報告書を公表しました。これは台湾海峡で武力紛争が発生した場合を想定して、24通りのシナリオを検証したものです。ＣＳＩＳはアメリカの軍事・外交政策に強い影響力を持つシンクタンクですが、日本の外務省も年間５０００万円くらい資金を拠出しています。その後1月11日に日米安全保障協議委員会（２プラス2）が開催され、この中で沖縄に駐留するアメリカ海兵隊をミサイル部隊とともに南西諸島へ配備していく計画などが確認されます。このような日米が軍事的に一体化していく流れのもとで、岸田－バイデン会談も行われたのです。

この流れの中で、台湾有事がなかば必然のように想定され、その際には日本も逃げられないので、米軍とともに自衛隊も台湾侵攻を阻止するために参戦していくのだということを、あたかも規定事項のように、政府みずからアメリカと合意していく内容でした。

それに対して国内メディアはどのように報じたか。新聞各紙（朝日、東京、読売）の1面トップの見出しを見てみましょう。

「反撃能力　日米協力一致　対中、抑止・対処力」「日本の防衛　完全関与」（読売）
「防衛強化　バイデン氏支持」「安保政策転換『同盟を現代化』」（朝日）
「日米軍事一体化極まる」「敵基地攻撃能力で協力確認」「平和外交姿勢見えず」（東京）

一見さほど違いがないように見えますが、読売は「日米協力一致」と肯定的です。朝日新聞も「バイデン氏支持」「安保政策転換『同盟を現代化』」など、どちらかといえば既成事実として容認しているように読めます。朝日にはもう少し強い論調で批判してほしいところですが、聞くところでは朝日新聞の社内でも、日米安保体制の評価や台湾有事に対する向き合い方については、論説委員のあいだでも意見が大きく割れているそうです。

東京新聞は、敵基地攻撃能力とは先制攻撃そのものであるから、専守防衛や憲法９条から逸脱しているというのが基本的論調ですが、朝日新聞は、敵基地攻撃能力の保有に関しても社内で見解が分かれているとの話も聞きました。この間にリベラル系のジャーナリストと話していると、「敵基地攻撃能力くらいは容認していいのでは」という意見も多く、すでに軍拡ありきの政府の論調に引きずられているように私は感じています。

●訪米での岸田首相の扱いは「格下」？

このように、一見すると軍事的にも一体化して蜜月のように見える日米関係ですが、実際はどうなのでしょうか。1月の会談時に、岸田首相がバイデン氏に肩を抱かれて嬉しそうな写真がしばしば報道で使われましたが、朝日新聞の元ワシントン特派員で、退職して独立ウェブメディア「Arc Times」を立ち上げた尾形聡彦さんによれば、まったく歓待という感じではなく、むしろ通常の外交儀礼や過去の例からみれば、かなり「格下」扱いだったのではないかといいます。会談でも、岸田首相は日米の安保協力について延々と話しているのですが、バイデン氏がそれに触れたのはわずか数行のみで、どちらかというと経済の話が中心でした。岸田首相が前のめりになっているほどには、アメリカ側は歓待ムードでもなかったようです。

渡米した日の昼の食事会は、せめてこのときくらいバイデン氏がつきあってくれるかと思いきや、副大統領のハリス氏でした。バイデン氏は夕方から地元のデラウエアに帰ってしまい、夕食会さえ開かれなかった。日米首脳の共同記者会見も見送られました。この扱いを見ると、まだまだバイデン氏は岸田首相に心を開いている雰囲気ではないようです。

バイデン大統領は現在、オバマ政権時代の機密文書持ち出し疑惑が批判されていて、2期目ができるかどうかも危ぶまれています。自分のスキャンダルでそれどころではないということもあり、岸田首相の抱きつき姿勢に対して、かなり素っ気ない対応だったと言えるのではないかというのが、米国内での報道も見ている尾形さんの見立てです。

●軍事力一辺倒ではないアメリカと、力に頼る日本

1月11日に、日米双方の外務・防衛大臣が参加して2時間にわたり開催された2プラス2でも、日本の防衛予算の増額が表明されたことをアメリカ側は「抑止力を強化する重要な進化」と評価し、中国の軍事圧力に対しては「強い反対」を双方が表明する共同文書を発表しました。オースティン国防長官は「中国は台湾周辺での軍事行動を常態化する『ニューノーマル（新常態）』を確立しようとしている」と批判したとされます。

そして、沖縄に駐留する米海兵隊を２０２５年までに「海兵沿岸連隊（ＭＬＲ）」として再編し、離島防衛への即応性を高めることや、アメリカの核兵器と通常戦力で日本を防衛する「拡大抑止」の重要性を再確認したとされます。

と、こういう報道が日本でも大きく出ていたので、アメリカも台湾有事に強気で対応するつもりなのだと思われがちです。しかし、その後の中国軍の偵察気球騒動で延期となったものの、実はブリンケン国務長官はこの数週間後に訪中することが決まっていましたし、イエレン財務長官も近い将来、訪中を計画していました。

つまり、日本との防衛協力を強化させ、中国に対し圧力となる「軍事力」をちらつかせつつも、他方では中国との経済関係を維持し、日米の軍事力を背景に外交でどのように妥協点を見いだし、経済で実利を得るかということをアメリカ当局は常に意識している。実際問題、アメリカにとっても中国は最大の貿易相手国であり、経済面で依存度が非常に高いわけです。現在、半導体などでデカップリング（外交と経済との切り離し）の方向が進んでいますが、そのような関係も視野に入れて、軍事的な圧力以外にいくつものオプションを用意したうえで、ブリンケン氏は訪中に臨むつもりだったのでしょう。そういう非常にしたたかな軍事・外交戦略をアメリカは常に考えている。

元外交官で外務省のアジア大洋州局長だった田中均さんに最近お話を聞いたのですが、アメリカは常にこのように多面的な戦略を持ち、軍事的圧力と同時に、それ以外の面での交渉によって、みずからの国益を最大限に引き出そうとしていることを理解すべきだとおっしゃっていました。それに比べると、日本政府はひたすら軍備増強、軍事力こそが外交力なのだという「力による外交」一辺倒なところが非常に心配です。

2プラス2について日本で報道されている限りでは、先ほどお話しした海兵隊の再編や、陸海空だけでなく宇宙やサイバー空間にも日米安保条約第5条が適用されることが確認されたとされます。

しかし、これも尾形さんの指摘ですが、記者会見ではブリンケン国務長官が「日本はnew role（新たな役割）を引き受ける立場になった」と言い、オースティン国防長官は「日本のbold decisions（大胆な決断）を支持する」と言っていますが、ここで英語の達者な朝日新聞の清宮涼さんという女性記者が、こういった防衛協力を進めること自体が中国との軍拡競争の激化と偶発的衝突のリスクに発展しかねないのではないか、それをどのように防ぐつもりかと質問しました。するとオースティン氏は途端にトーンダウンして、「中国側にホットラインを開いておくように今後呼びかけたい」「対話は非常に重要だ」と応えていました。

こういうやりとりを見ると、軍事的な圧力を強調したい一方で、中国をあまり刺激しすぎて米中の完全な激突になることを本質的には避けたいというアメリカの本音も見えたというのが尾形さんの読み解きでした。

●「有事」を焚きつけるメディア報道

布施さんの報告でも、台湾有事をむやみに煽ることなく、現実的な平和的解決をリアリズムで考えていくことの重要さをお話しいただきましたが、日本の主流メディアではなかなかそうした冷静な議論ができていません。テレビ東京などは、台湾有事のシミュレーションとして、米中日の保有する空母や戦闘機の数、それを比較すると中国の台湾侵攻が成功するか否かといった軍事的シミュレーションをしてみせ、「台湾戦争」などと言いながら、まことしやかに解説しています。「豊島晋作のテレ東ワールドポリティクス」というYouTube番組でも、テレビ東京の元英国特派員の豊島晋作さんという方が台湾有事を解説した動画が３００万回くらい見られています。いずれも、あたかもミリタリーゲームのように台湾有事を解説していて、見ていてくらくらするほどです。現実にそれが起きた場合に生じる兵士や市民の死の重みを、どれくらい意識しているのかと問わざるをえません。

若い世代には民放以上によく見られている動画チャンネルやAbemaTVなどのネットメディアは、有事の発生をむしろ煽る方向で報道してしまっているのではないかと危惧します。

●CSIS報告書が予想する「日米で一日数千人の死」

先ほどふれたCSISの台湾有事の24のシナリオについても田中均さんに聞きました。それによると、このシナリオではいずれも、日米が共同して軍事行動に当たった場合、最終的に日米両国が中国軍に勝つということです。ただし、中国軍の上陸を防ぐ作戦に日本の自衛隊が参加しなかった場合は米側が負ける可能性があると予想しています。

勝っても負けても非常に大きな被害が出ることが予想されているのですが、いずれにしても勝つためには日本の参戦が必須だと、日本側に伝えようとしている文書にも見えます。今回の日米首脳会談と2プラス2の前にCSISがこの文書を出したのは、台湾有事の際にアメリカが日本を巻き込んでいくことを当然視しているということを、間接的に日本へのメッセージとして伝えるという意図があったと思います。

報告書の予測によれば、「基本シナリオ」においてさえ、中国軍の死傷者は2万2000人、3万人以上が捕虜となるとされます。アメリカは2隻の原子力空母、最大20隻の艦船が撃沈され、３７２機の航空機を失い、最大1万人の死傷者が出る。在日米軍や自衛隊の基地が攻撃された場合、自衛隊も１１２機の航空機と26隻の艦船を失うとしています。

自衛隊の死傷者や日本の市民の死傷者は明記されていませんが、かなりの数の犠牲が出るであろうことは想像に難くありません。軍事ジャーナリストの小西誠さんは、米軍と同じかそれ以上の被害を受けると予想しています。

このＣＳＩＳ報告書では、沖縄の嘉手納基地だけでなく、岩国、横田、三沢など日本全国の在日米軍基地や自衛隊基地から、台湾海峡へ向けて戦闘機が出撃していく状況が想定されています。なぜ日本がいま敵基地攻撃能力を保持しなくてはならないのかというのは、この点と密接に関連しています。

つまり、台湾有事の際には、おそらく各地の在日米軍基地から米軍機が出撃します。その場合、中国からすればアメリカ本土よりも近く、かつターゲットが見定めやすい在日米軍基地もしくは自衛隊基地をねらってくるのは当然でしょう。報告書には「日本の航空機の大半が地上で失われる」との記述もあります。つまり、飛び立つ前にミサイルで基地ごと破壊されるということですね。それを避けるためには、日本の民間空港を使用して戦力を「分散化」するのが効果的だとも言っています。それはすなわち、民間空港も標的となることを意味します。そして、このような攻撃に「反撃」するためには、その兆候があった瞬間に中国側のミサイル基地を潰してしまえ、という戦略なのです。

しかし、他の報告者のみなさんも指摘するように、まだ日本が被害を受けていない段階で攻撃のミサイルを放てば、これは相手側からみれば先制攻撃にほかなりません。そういうことを私たち日本国民は政府に許すのか。臨時国会が閉じた後に閣議決定で決めてしまったことで、こういう根本的な議論さえできていないのが現状です。

●標的になる恐れは首都圏にも

これまで、台湾有事にかかわる日本のリスクというと、どちらかといえばミサイルが配備される沖縄や南西諸島の問題として報道されることが多く、本土の住民には他人事感が強かったと思います。しかし先ほどお話しした通り、有事の際に出撃基地として使用される米軍基地は全国に散らばっているので、本土にも被害がおよぶ可能性は十分あります。

たとえば、これは東京新聞の報道ですが、横浜港の瑞穂埠頭にあるノースドックという米軍施設は、本来は返還予定だったものが、２０２３年春から新たに編成される米軍の小型揚陸艇部隊（13隻２８０人）の常駐する基地として使用されることがわかりました。神奈川県と横浜市、横浜市議会がそれぞれ要望書を提出して返還を求めていたのにもかかわらず、今回、事前連絡が何もないまま常駐が決定されていたということです。人口密集地に実働部隊が常駐することで、基地の恒久化とともに、有事の際に攻撃対象になるのではないかという懸念が横浜市長や神奈川県知事からも表明されています。

つまり、ことは南西諸島だけでなく、台湾海峡有事が仮に発生すれば、日本全土が米中の衝突に巻き込まれていくことが不可避なのです。これは、日本の主要メディアが私たち全員の問題として報じてこなかったことのツケだと思っています。

●戦争のリアリティを想像できているか

述べてきた通り、有事を煽るような報道が多いことを非常に憂えています。戦争は一度起きてしまったら簡単には終わりません。今回のＣＳＩＳ報告書では、せいぜい7日とか14日、40日など非常に短いスパンで台湾海峡有事が解決するかのように予想されていますが、その通りになるかは誰もわかりませんし、あまりにも中国軍の力を軽視しすぎているように思います。現在のウクライナの状況、そこで両国に生じている計り知れない被害を考えれば、希望的観測はすべきではない。ですから、戦争が起こる前にどうやって止めるかが何よりも一番大事なのです。

田中均さんがおっしゃっていたのは、仮に日本がいまの軍拡路線で5年後に防衛費を10兆円単位に増額したとして、それで世界第3位になったと言っても、そのとき中国はさらに軍事力を増しているかもしれません。いまでさえ年間24兆円ですから、それをはるかにしのぐ30兆円、40兆円になっている可能性もあるわけです。

仮に米中が衝突し、そこに日本の自衛隊も参戦した場合、最終的に日米が勝ったとしても国土はボロボロになり、多くの市民や自衛隊員に犠牲が出るでしょう。そのことについての想像力が、声高に軍拡を語る政治家やメディアに登場する論者には欠如しているのではないでしょうか。かつて、太平洋戦争の前から戦況は厳しくなっていることを知りながら「戦争万歳」「天皇陛下万歳」と世論を煽っていったのは、ほかならぬ新聞やラジオでした。その記憶を、マスメディアを担う人たちは忘れてしまったのでしょうか。

●防衛費倍増の影で失われるもの

加えて、岸田政権はGDP比2％への防衛費増額を掲げていますが、これを実行した場合、本来あるべき少子化対策や教育への投資は確実に後回しにされます。国連からも求められている高等教育の無償化は年３兆円の予算でできるといわれていますが、今回決められた防衛費の増額は年間４兆円です。その４兆円が捻出できるなら、まず子どもたちの教育や次世代への投資に回し、少子化を解決していくことにこそ、限られた国力を割くべきではないでしょうか。

しかも、その43兆円という金額も、具体的にこのような防衛装備のために必要だからというのではなく、まず数字ありきで中身はこれから考えるという代物です。たとえばサイバー部隊を5年で2万人に増やすとしているのですが、軍事に詳しい元東京新聞記者の半田滋さんによると、いまの自衛隊にサイバー部隊というのは５４０人程度の人員しかいないのだそうです。それを一気に2万人にするなんて夢のまた夢、ほとんど漫画のような話です。そういうものを積み上げた43兆円なのです。

朝日新聞（２０２２年12月23日付）の取材に、海上自衛隊で現場トップの自衛艦隊司令官だった香田洋二さんが、43兆円について「身の丈を超えている」「子どもの思いつきかと疑うほど、あれもこれもになっている」と批判していますが、まさに落ちてきた飴に群がる蟻のような状況に見えます。

今回の決定で、安倍政権でもくりかえされてきたアメリカ製兵器の爆買いがさらに上乗せされます。アメリカの軍事産業は「やった！　トマホークの在庫一掃セールだ」と大喜びでしょう。アメリカでは1発2億円のトマホークが、日本は5000発で2113億円を予算計上しているので、1発4億円、倍の値段で買わされるのです。

これはアメリカ政府を通したFMS（対外有償軍事援助）という取引で、割高だという批判もあり徐々に減らしていく方向でしたが、今回の決定で年間1・4兆円に跳ね上がりました。おかげで私たちの子どもや孫に残す兵器のローン残高が7兆6000億円にもなり、2023年度の防衛予算6・8兆円よりもローンの返済のほうが上回るような異常な状況です。

戦闘機F35に関しても、実はEUではユーロファイターという別の戦闘機のほうが売れているらしいのですが、日本はF35の世界最大の買い手国になり、計146機買いました。これもアメリカでは1機およそ99億円だったのが、当初の値段が180億円。ほぼ倍額でふっかけてきたのです。たくさん買うからと値段交渉をして、それでも1機146億円です。そういう形で、アメリカとのFMS取引の中でわれわれの血税をいかに無駄に遣っているか。それがさらに悪化の一途をたどることになるのです。

２　外交なき国家のたどる道は――メディアはまた戦争に加担するのか

●「外交」が消え去った日本

元朝日新聞記者の星浩さんの話によると、今回の防衛費倍増については、各省庁が概算要求をするはるか前、バイデン氏と岸田首相の首脳会談直後の２０２２年６月に43兆円という大枠はほぼ決まっていて、なんとアメリカに先にそれを通告していたといいます。その後の２０２２年末に財務省が35兆円だ、いや40兆円だなどとやっていたのは単なる芝居で、実質は６月に決まっており、それもアメリカに通告していたので、いまさら約束を破るわけにはいかないというのです。国内で議論する前に米国側に予算の額を伝えている、そんなことを本当に官邸やＮＳＣ（国家安全保障会議）がやっているとしたら信じられない話で、日本に主権がないも同然です。要するに、外交の本来あるべき姿を日本は完全に忘れてしまっているのではないか。

岸田政権が立ち上げた「国力としての防衛力を総合的に考える有識者会議」の座長である佐々江賢一郎さんは、外務省トップの外務事務次官も務めた外交のプロフェッショナルですが、その方でさえも、軍事力こそ外交交渉の道具だ、だから日米が軍事的に一体化することが日本の外交を強くするのだと、力による外交の姿勢を強く打ち出しました。

同じ外務省出身の田中均さんは、「外交官とは本来そういう人種ではない」とおっしゃっていました。アメリカだけでなく中国や韓国、アジア全体の諸国と対話をし、唯一の戦争被爆国であり9条を持つ日本として、いかに世界が戦争へと向かわないように、力によらない外交で各国の対話と協調を仲介するか、これこそがプロフェッショナルの外交官がしなければいけないことだ、と。本当はそれを率先すべき佐々江さんが座長でありながら、軍拡路線にお墨付きを与えるような役回りを演じてしまっている。田中さんは外務省ＯＢとして忸怩《じくじ》たる思いだろうと思います。

軍事力を強めることで、果たして北朝鮮や中国を屈服させる、あるいは説き伏せることができるでしょうか。過去の歴史から見れば、逆に刺激して暴発を招くことになりかねないと思います。北朝鮮についていえば、弾道ミサイルではなく小型の戦術核を使って北朝鮮が日本本土を攻撃した場合、本格的な核による報復をアメリカはするのか。日本の外交関係者はアメリカの核の傘に入れてもらうために防衛協力するのだと言いますが、仮にそうした形での攻撃があった場合、アメリカが本当に核で反撃してくれるかはわからないのです。

●メディアはふたたび戦争に加担するのか

もともと外交官である佐々江さんがそのような立場をとらざるを得ないのは、おそらくいまのメディア、そして何よりも官邸の意向が、対話による外交交渉という本来の役割に否定的だからでしょう。

中国の首脳といつ会談するか、まだ予定も決まっていないなどという情けないことを岸田首相は日米首脳会談の後に言っていましたが、結果として自民党の一部の政治家、萩生田光一氏や石破茂氏、世耕弘成氏などが、政治的アピールのために好き勝手に台湾に乗り込んで蔡英文総統と会ったりしている。本来、日本政府も認めていた一国二制度による平和的統一という原則をかなぐり捨て、台湾は独立すべきだといったことを一部の議員たちが声高に言い出しかねない状況です。それをまたメディアが報じることで世論が煽られる。その先にいったい何が起こるでしょうか。

読売、朝日、東京の各紙が、今回の安保三文書が決定された後に出した社説を比較してみましょう（次頁）。読売は「国力を結集し防衛体制強めよ　反撃能力で抑止効果を高めたい」と、まるで太平洋戦争前のような見出しでした。

ここでは日経新聞の紙面を載せませんでしたが、実は台湾有事をもっとも煽っているのは日

2022年12月17日付各紙の社説（左から読売・朝日・東京）

経に見えます。2月17日には1面トップで、「米海兵隊『自衛隊から補給拡大』台湾有事で連携視野」「中国抑止に無人機」などと、おどろおどろしく書き立てていました。日経新聞の政治・外交部長とデスクが使用しているとされるツイッターアカウント（@nikkeiseijibu）がありますが、立憲民主党が安保三文書を容認できないと批判したとの記事に対して、「国民の生命と財産が脅かされても被害が出るまで何もしないということでしょうか。旧民主党が政権を陥落したのは非現実的な安全保障政策が一因でした」とツイートして批判している。これはつまり、日経新聞は先制攻撃を容認するということなのでしょう。

これからますます岸田政権が軍拡に突き進んでいくなか、いかにメディアが抑制的に、冷静なプロフェッショナルの言葉を伝えていけるかが大きな鍵になっていくと思います。その意味で、私たちメディアも戦争に加担する危険を内側に抱えています。そのことを強く自覚しながら報道に携わっていきたいと思っています。

●ジャーナリストと市民、専門家の連帯

現在、「平和を求め軍拡を許さない女たちの会」という団体がオンライン署名サイトChange.orgで「#軍拡より生活」という署名を募っています。ジェンダー研究者の上野千鶴子さんや弁護士の伊藤和子さん、アクティビストの福田和香子さんなど多様な顔ぶれの女性たちが呼びかけたものです（3月末現在およそ8万人が署名）。

議論なき安保関連三文書の決定と43兆円の防衛費という方針を、私自身が本当に許せないと思い、新聞でも批判的記事を書いていますが、この問題については市民の方たち、とくに生活者として子どもの命や教育を第一に考えている女性たちが、相当怒っているという実感があります。当初はメディアで働く女性ジャーナリストたちが連帯して「軍拡より生活」を打ち出せないかと動いていたようですが、ジャーナリストに限定する必要はないとなり、弁護士や研究

者など多分野の方に呼びかけ人になってもらったようです。もちろん、男性からも多くの賛同の声をいただいています。

記者の中には、会社の方針があって賛同人になるのも難しい、名前は出せないという人も少なからずいるのですが、だからといって私は自分が孤立しているとも思いません。今回の件に関しては、記者どうしで話していても「このやり方はおかしい、卑怯だ」という声が多くあります。記者だからというよりも一人の人間として、自分の国の政府がこのような不条理な決め方で、あれよあれよと軍拡への道を進んでしまうことに黙っていていいのか。仮にここで黙っていれば、防衛費のために子どもたちの未来や地球環境の持続可能性が食いつぶされ、果ては台湾海峡での戦争に子どもや孫の命を差し出すことにすらなりかねない。そんな世の中にはしたくないという素朴な思いを共有できる「女たちの会」はじめ、心あるジャーナリストやさまざまな立場の市民と、さらに連帯を深めていきたいと思っています。

第3章

市民を置き去りにした「国家」安全保障のゆくえ

三牧聖子
同志社大学グローバル・スタディーズ研究科准教授

1　いま日本の考えるべき安全保障とは?

岸田首相は2022年12月6日の所信表明演説で、「我が国を取り巻く安全保障環境は、これまで以上に急速に厳しさを増しています」と述べ、「こうした課題に対し、国民の命と暮らしを守るため、いわゆる敵基地攻撃能力も含め、あらゆる選択肢を排除せず現実的に検討し、スピード感をもって防衛力を抜本的に強化していきます」と述べました。

そして12月16日、岸田政権は「国家安全保障戦略」「国家防衛戦略」「防衛力整備計画」のいわゆる安全保障関連三文書を閣議決定しました。ここでも「我が国は戦後最も厳しく複雑な安全保障環境に直面している」(「国家安全保障戦略」)という認識のもと、2027年度には防衛費とそれを補完する経費を合わせてGDP比2%へと増額する方針が打ち出されたことは、これまでの報告者のみなさんが述べてきた通りです。今後5年間で防衛費の総額は43兆円となり、現状から17兆円ほどの増加となります。

このような岸田政権による安全保障政策の大転換には、確かに「スピード感」はありました。

しかし、これだけの大転換を、そのようなスピード感に任せてしまってよかったのでしょうか。「戦後日本の安全保障政策の大転換」が、このように短い期間で、国会での議論もほとんどなく、まして国民を巻き込んだ議論もなく進められてしまった。政府やその周辺からは、肯定や正当化の言説しか聞こえてこない。

何かおかしなことが起こっているが、それをきっちり批判的に検証する時間すら与えられないまま、防衛費負担をどのような財源で賄《まかな》うかといった財源論へと移行してしまい、もやもやした思いを抱えている。そんな方も多いのではないでしょうか。そもそも防衛費増額はなぜ必要なのか。43兆円は合理的な額なのか。これほどの増額と、予定されている増税に国民生活は耐えられるのか。問いはたくさんあります。

これほど大きな政策転換です。むしろ思考を流れに任せてしまわないことが大事ではないでしょうか。国民にも大きな影響を及ぼす安全保障の問題については、何度でも立ち止まって考え抜く必要がある。昨今、人文学や社会学では「ネガティブ・ケイパビリティ」という言葉の重要性がますます強調されています。これはもともと詩人のジョン・キーツの言葉で、「容易に答えが出ない事態について、性急に事実の解明や理由を求めず、不確実さや懐疑の中にいることができる能力」を意味します。

この「ネガティブ・ケイパビリティ」は、安全保障を考える際にもとても大事だと思います。「東アジアの安全保障環境が厳しくなっている」。この状況認識は妥当なのか。厳しくなっているとしたら、その原因は何なのか。軍拡によって日本の安全は本当により確かになるのか。国力は限られている一方、日本社会が直面する課題は山積みであって、その中には国民の命にかかわるものもある。軍事的な安全保障に過度に注力したために、それらの社会的な課題への対応を犠牲にすることもまた、国民生活、さらには国民の命を脅かすのではないか。

「ネガティブ・ケイパビリティ」は、こうした問いに性急に回答を与えてしまうことなく、粘り強く考え抜く力です。これだけの安全保障政策の転換について、政府の説明はどう見ても不十分です。私たちの命や生活に直結する問題については、「何かおかしい」と感じたときにはその違和感を大事にして、その違和感が意味するところをしつこく考え抜くことがとても大切だと思います。この報告では、そうした「もやもや」の原因や意味するところをみなさんと一緒に考えていきたいと思います。

●置き去りにされる市民の安全

ウクライナ戦争で「時代が変わった」という認識のもと、ヨーロッパ諸国が防衛政策を大きく転換させ、ドイツなども防衛費をＧＤＰ比２％まで増額させることを決定しました。日本を取り巻く東アジアの安全保障環境も、過去10年で大きく変化したことは確かです。米国はもはや絶対的な大国ではなくなり、中国が急速に台頭している。日本も「ＮＡＴＯ並み」の防衛費を実現しなければならないという動きが生まれるのも、理解できないことではありません。

しかし、国家の安全、そしてより本質的に国民の安全は、軍事的な手段だけで守れるものではない。防衛費増額を決定したヨーロッパ諸国と日本との決定的な違いのひとつは、財政の健全性です。２０２２年の日本の債務残高の対ＧＤＰ比は２５２・３％で、主要先進国でも突出しています。戦前に戦時国債の発行が際限のない軍拡を招いたことへの反省から、戦後の歴代政権が認めてこなかった建設国債も、今回、艦船など一部の防衛装備品の経費に用いられることがなし崩し的に決まりました。財政の健全性を考慮しない防衛費増額が、日本という国を本当に強く、安全なものとするのか。もっと議論が必要でしょう。

２０２２年末に出された日本経済研究センターの予測によれば、個人の豊かさを示す一人当たりＧＤＰで、日本は２０２２年に台湾、23年に韓国を下回ります。経済的停滞が続くなかでの増税は、国防の名のもとに国民生活を犠牲にすることになりかねない。

また、軍事的な危機への対応が急スピードで進む反面、そのほかの、着実に進行し、もはや手がつけられないかもしれない「危機」への対応は完全に後手後手になっています。岸田政権の肝煎りでつくられた全世代型社会保障構築会議は2022年末に報告書を発表しました。この報告書の中で、少子化は「国の存続そのものにかかわる危機」と位置づけられました。しかし、こちらの「危機」については、その打開に向けて「NATO並み」の公的支出や政策がめざされることはない。安全保障をめぐる議論がますます国家中心になり、肝心の人間が置き去りになってていないでしょうか。

●軍拡で「厳しい安全保障環境」を生き抜けるのか？

政府が公表した国家安全保障戦略の中でも、日本を取り巻く安全保障環境は「戦後最も厳しく複雑」だと言われています。そこで最大の脅威とされているのは中国です。たしかに中国と日本との軍事費の差がどんどん開いていることは事実です。防衛費の実額でみると2000年時点で日本が中国の約2倍であったものが、現在は中国が日本の4倍以上となっている。ここから、「だから日本も防衛費を倍増して、この差を埋めていかなければならない」という主張が出てくるわけです。

しかし、より本質的な問題は、なぜこの20年でここまで日中の軍事費の差が開いたのかです。

その決定的な要因は経済成長です。中国の場合、過去20年の急激な経済成長が軍事費を押し上げたのです。第一生命研究所の計算によれば、ＧＤＰ比率でみると、この20年間の中国の軍事費は１・７〜１・８％前後で推移している。中国の軍事費については、公表されているものと実際の額に隔たりがあると指摘されており、そのことも考慮に入れる必要がありますが、そのうえでも、中国の軍事費の伸びは、国力に不相応な軍事力が追求されたというよりも、国力に相応して軍事力も伸びたというべきでしょう。

これに対して、日本経済はこの20年間ずっと停滞しています。両国の経済力の差が軍事費の差としてあらわれたのです。中国が軍事費を増やしていること、日本の軍事費を圧倒していることは事実だとしても、日本も軍拡してそれに対抗すべきだと主張する前に、考えなければならないことはたくさんある。果たして、経済の停滞が続くいまの日本の国力からみてあり得ない額の防衛費の増額は、「中国の軍事的脅威」とされているものから日本の人々の命を本当に守るのか。

こうした問いは、強国アメリカですら無関係ではありません。岸田首相の所信表明演説に先立つ２０２２年11月、バイデン大統領と習近平国家主席による米中首脳会談がありました。ここで米中両首脳は、台湾問題などを念頭に、両国のあいだには根本的には解消できない見解の相違が厳然としてあるが、しかしだからこそ、対話で対立をコントロールしていかなければならないと、今後も対話を続けていく必要について同意しました。

アメリカ当局の中でも、中国との対立は、さらに深まることはあっても改善の見込みには乏しいという言説が強くなってきています。しかし同時に、対立の改善が見込めないからこそ、対話の回路を維持する努力を続けることが大事なのだということも強調されている。

2023年2月には、中国の偵察用気球とみられるものがアメリカ本土の機密施設の上空を飛行しているのが確認され、最終的に米軍によって撃墜されるという事件が起こり、米中のあいだに緊張が走りました。領空侵犯に憤る世論や議会にも押されて、バイデン政権はこれを「主権の重大な侵害」「容認できない無責任な行為」と批判し、ブリンケン国務長官は予定されていた訪中も取りやめました。当初は気球の撃墜について「遺憾の意」の表明にとどめていた中国政府も、こうしたやりとりのなかで態度を硬化させ、米軍による撃墜は「100%武力の乱用」と譲らない姿勢を見せるようになっていきました。

それでも、米中は対話を続けている。2月中旬に開催されたミュンヘン安全保障会議で、ブリンケン国務長官と中国の外交を統括する王毅政治局委員とのあいだで非公式の会談がもたれました。気球問題については物別れに終わりましたが、対話の試みはずっと続けられているのです。

世界最大の強国どうしでも、直接の戦争や武力衝突は望ましくないと理解したうえで、それが起こらないように、いかに困難な状況下でも対話や外交の努力をしている。こうした事実を踏まえると、もしかしたらいま一番前のめりになっているのは日本ではないでしょうか。

有事の想定や備えはしておく必要がある。しかし、台湾有事に備えなければと抑止政策に邁進するあまり、そのような破滅的事態を防ぐための肝心の外交努力がおろそかになってしまっては本末転倒ではないでしょうか。防衛力の強化と外交は両輪で進めていく必要があります。

●「誰の」安全を守るのか？

「安全保障」という言葉は定義が難しく、注意を要する言葉です。中国とどう対峙していくかという問題でも、中国はすでに世界第二の経済大国で、日本との貿易額でも最大の相手国です。そういう国に軍拡で対抗していくことが果たして可能なのか。また、中国の軍事的脅威に対抗しようと軍拡だけを推し進めていけば、偶発的衝突の危険性を高めてしまうというジレンマもあります。日本の防衛費増強が決して攻撃的な意図を持つものではないことについて、しっかりと対話のルートを確立して、伝わるようにしておかないと危うい。

いまの日本では、「安全保障」という言葉が語られるとき、「国家」の安全保障ばかりが優先されて「市民」の安全保障がどんどん置き去りにされています。日本経済が長期にわたり停滞しているなか、限られた予算を軍事的な能力の増強ばかりに注ぎ込むことは国民の安全に資するのか。国民生活を守る社会保障や将来世代のための教育への投資、人類が存続可能な環境を維持するための気候危機対策など、さまざまなものを犠牲にしてまで防衛能力を高め、隣国と張りあっていく、そのような国家は私たちの望むものなのか。そうすることで、私たちの望むような安全保障環境が実現されるのか。さらに、基地の付近に住んでいる住民や、有事となった場合に戦場とされる島々の住民の安全は考慮されているでしょうか。このままでは、「国」を守るという大義のもとに「民」がどんどん犠牲にされていってしまう。

安全は防衛力の強化だけで実現されるものでもなく、隣国にその意図が正しく伝わらなければ、むしろ緊張を高めてしまう。いかに対話が困難な相手に見えても、意見が折り合うことがなくとも、だからこそ万が一の破局を防ぐために、地道に対話と信頼醸成を続けることが必須です。それは先に述べたように、米中間でも試みられています。

これまでの世論調査は、防衛増税には反対だが、防衛力強化には賛成の声が多数であることを示しています。日本国民の多くが安全保障環境の悪化を感じている。しかし、メディアは防衛力強化にともなうさまざまな負担をきちんと報道してきたでしょうか。防衛力を強化するにしても、それと同じくらいの努力を対話や信頼醸成に傾ける必要があることを伝え、その可能性を探究してきたでしょうか。むしろ、負担やリスクの問題を正面から論ずることを回避し、あたかも軍事的な手段によってしか日本の安全は守れないというような一面的な言説を流してきたのではないでしょうか。

私たちの安全や生活に直結する問題です。望月さんや志田さんの報告でもご指摘の通り、私たちを取り巻くメディアの報道姿勢も、冷静に見つめ直す必要があると思います。

●「対米公約」だった？　防衛費増額

岸田首相は、今回の防衛費増額の決定について「アメリカとの約束ではない」「日本の主体的な決定だ」と強調してきました。しかし、今回の防衛費増額に賛成した人も含め、政府が「主体的」に決定したと感じている国民は少ないでしょう。日本は中国やロシアのように、国民生活に重大にかかわる問題についてもトップダウンで決定し、異論を聞かない権威主義国家ではないはずです。戦後日本の安全保障の大転換という問題の大きさに照らして、国会での議論の欠如、政府による国民への具体的な説明の少なさは、民主主義国家として、また平和憲法を持つ国として、大きな問題であったと言わざるをえません。

2022年5月にバイデン大統領が訪日し、その際、岸田首相は防衛費の「相当な増額」を宣言し、バイデン大統領の強い支持を得ました。しかしその後は、メディアから尋ねられても「数字ありきではない」として、半年間にわたって増額の具体的な数字を示すことはありませんでした。そして同年11月末、国民から見れば突如として、首相みずから2027年度にGDP比2%程度まで増額するよう閣僚に指示したのです。この間、国会で議論はほとんど行われていません。2022年末に閣議決定された日本の防衛費増額に、バイデン氏は「大満足している。強く支持する」と応答し、1月の岸田首相の訪米ではバイデン氏が岸田首相の肩を親しげに抱く写真も話題になりました。二人がこのとき何を話していたかまではわかりませんが、アメリカにとっては、日本がみずから大変な「スピード感」をもって、長年守ってきた防衛費GDP比1%の枠を大きく超える2%への増額を打ち出したのですから大満足でしょう。こうした経緯から、今回の政策転換があらかじめ米国と合意された「対米公約」だったのではないかという疑問が多く出ているのは望月さんの報告にもあった通りです。

今回の安全保障政策の転換は、政府が設けた「国力としての防衛力を総合的に考える有識者会議」を中心に議論が進められてきましたが、その座長を務めた佐々江賢一郎・元駐米大使は、

「日米の一体化」を進めることが戦争を防ぐ力になるということともに、「国民に透明性をもって説明してほしい」と政府に提言したと語っています（朝日新聞２０２３年1月18日付）。しかし実際に国民への説明では、「日米の一体化」が何を意味するのか、それはいかに機能して戦争を防ぐのかは具体的に説明されていません。座長が強調した「透明性をもった説明」は実現されていないと言っていいでしょう。

象徴的だったのが、1月15日、訪米中の岸田首相がワシントンで行った記者会見での説明でした。首相は、反撃能力保有や防衛費の増額について「バイデン大統領から全面的な支持があった」と強調し、今後「野党との活発な国会論戦を通じて防衛力強化の内容、予算財源について国民への説明を徹底したい」と述べたのです。この順序は妥当なのでしょうか。

たしかに安全保障政策の中には、すぐに国民にも公開するというわけにはいかない事情や問題もあるのでしょう。しかし今回は敵基地攻撃能力という、専守防衛を旨としてきた日本の防衛政策の大転換――もっとも岸田政権自身は専守防衛を堅持するとくりかえしていますが――であり、大きな増税もともなう。国民に大きな影響を与える大問題について、まず閣議決定し、アメリカの支持をとりつけて、ほとんど規定路線としてから国会で野党と議論し、国民に説明する。この順序は、民主主義国の決定過程としてやはり問題ではないでしょうか。

そうした疑問をぶつけられた際には、岸田首相は防衛費増額を「対米公約ではない」「数字ありきではない」「主体的な選択である」と常に釈明してきたわけですから、水面下でまったく違う事態が進行していたとなれば、そのことはきちんと解明され、検証・批判されなければなりません。

●主体的決定といえるのか

これだけの防衛費増額は妥当なのか。国民生活を犠牲にすることなく可能なのか。敵基地攻撃能力の保有により、日本の安全保障体制はどう変わるのか。日本の防衛はいったいどのように強化されるか。これらの問いについて、国民の多くは疑問と不安の中に置かれています。

岸田首相は「スピード感」を大事にした決定と言い、麻生太郎自民党副総裁も「さっと決定した」ことを褒め称えましたが、これは日本が民主主義の国であることをあまりに軽視した発言です。国民から見れば、何が変わるのかを国民が理解する前に、日米当局のあいだの了解に基づき拙速に決定されたという印象が拭《ぬぐ》えません。

12月16日の会見で岸田首相は、「われわれ一人ひとりが主体的に国を守るという意識を持つことの大切さは、ウクライナの粘り強さがよく示しています」と述べました。この文脈でウクライナに言及すること自体も批判的な検討が必要ですが、ここで問題としたいのは、国民一人ひとりが「主体的に」国を守る意識を持つべきだと言っていながら、その主体的な決断の前提となる判断材料、つまり十分な情報や議論の場を私たちが与えられなかったということです。

国民には十分な情報が与えられず、国会でもメディアでもほとんど議論がないまま「スピード感」重視で、戦後の安全保障政策の大転換が閣議決定された。これは首相自身が言っている「主体的」な選択や防衛といったことと矛盾します。このような形で決められた政策によって、本当に私たちが主体的に国を守る意識を持ちうるのか。２０１５年の安保法制のとき以来、国民から異議が巻き起こるような大問題について、まだまだ詳細な検討や議論が必要なところを閣議決定と強行採決で押し切るという政治が常態化しました。今回もそうしたパターンになりましたが、２０１５年に比べれば野党の反対は非常に鈍いものでした。

●住民不在の「台湾有事」シミュレーション

「日米の軍事的一体化こそが日本の安全を確かにする」と主張されるとき、そこでほとんど具体的に議論されていないのが、基地周辺の住民の犠牲の問題です。

昨今、日米のシンクタンクで「台湾有事シミュレーション」がさかんに行われてきました。

中でも、2023年1月に発表された米シンクタンクCSIS（戦略国際問題研究所）による『次なる戦いの最初の戦闘：中国の台湾侵攻の戦闘作戦』[1]は、日本のメディアでも大々的に報道され話題になりました。その内容は、布施さん、望月さんから報告された通りです。

しかし「台湾有事」となれば、米軍基地周辺の住民がどれほど巻き込まれ、犠牲となるかという問題について、報告書は語っていません。報告書の中には、「台湾有事」の際に生じうる「犠牲」についての言及が随所にありますが、それらはいずれも軍人か、あるいは抽象的な言及にとどまっています。基地周辺の住民の命と安全についてどう考えているのか。報告書から容易に窺い知ることはできません。

基地周辺の住民の命と安全をどう守るかが曖昧であるという点では、日本政府の「国家安全保障戦略」も同様の問題を抱えています。同戦略では「武力攻撃より十分に先立って、南西地域を含む住民の迅速な避難を実現」とされているものの、そのようなことは現実に可能なのでしょうか。専門家からは否定的な声が上がっています。それこそ十分なシミュレーションが必要でしょう。岸田政権による安全保障政策の大転換には、こうした「人間」を中心とした安全保障論が決定的に欠けています。

重要なことは、シミュレーションの結果そのものより、一連のシミュレーションから私たちがどのような結論と政策を導き出すかでしょう。それらが示すことは、「台湾有事がひとたび起これば、戦闘員のみならず非戦闘員も多くの人々が巻き込まれ、犠牲になる」ということです。ならばまずは「そのような事態を防ぐ」ための外交や対話の努力に全力を注ぐことこそが「現実主義」でしょう。

（1）*The First Battle of the Next War: Wargaming a Chinese Invasion of Taiwan*, CSIS, 2023. https://www.csis.org/analysis/first-battle-next-war-wargaming-chinese-invasion-taiwan

2　アメリカ国内に生まれる新しい動き――「人間の安全保障」への転換

「日本の防衛力強化を歓迎する」というバイデン大統領の声は、アメリカ社会で広範に共有されているのでしょうか。アメリカという国は長らく軍事覇権主義を遂行し、世界の中でも桁違いの国防費を持つ軍事大国です。しかし、そのアメリカの中にも、自国の軍事覇権主義に対する懐疑や批判が生まれていることにも目を向けたいと思います。

●「テロとの戦い」で高まった外交エリートへの怒り

アメリカは過去20年間も続いた「テロとの戦い」によって大変な犠牲を払いました。ブラウン大学のワトソン国際・公共問題研究所が行った「戦争のコスト」プロジェクトの検証によれば、軍事費だけでも8兆ドルという天文学的なお金が使われています(図1)。

人的な犠牲も莫大です。「テロとの戦い」のために米軍は80か国以上でさまざまな作戦を展開してきました。その結果、合計で36万人から38万人超という膨大な市民の犠牲が生まれています(表1)。こうしたあまりに巨大な犠牲を踏まえて、過去20年間の「テロとの戦い」とは何だったのか、意味はあったのかという批判的な声は、アメリカの国内からもあがっています。

最近、アメリカでは「ブロブ(Blob)」という言葉が批判的な文脈でよく使われます。「染《し》み・斑点」といった意味の単語で、これまでもたびたび言及のあったCSISなどの外交安保のシンクタンクや、ワシントンD.C.の外交エリートを批判するときに使われます。彼らは、もっともらしく安全保障や国際秩序、アメリカの軍事介入の必要について語ってきたが、その実、政府や軍需産業と結託し、目的も曖昧な、際限のない軍事介入へとアメリカを引き込んできた――そうした怒りが込められています。

長きにわたるソ連との冷戦がせっかく終わったのに、なぜアメリカはその後も軍事覇権主義

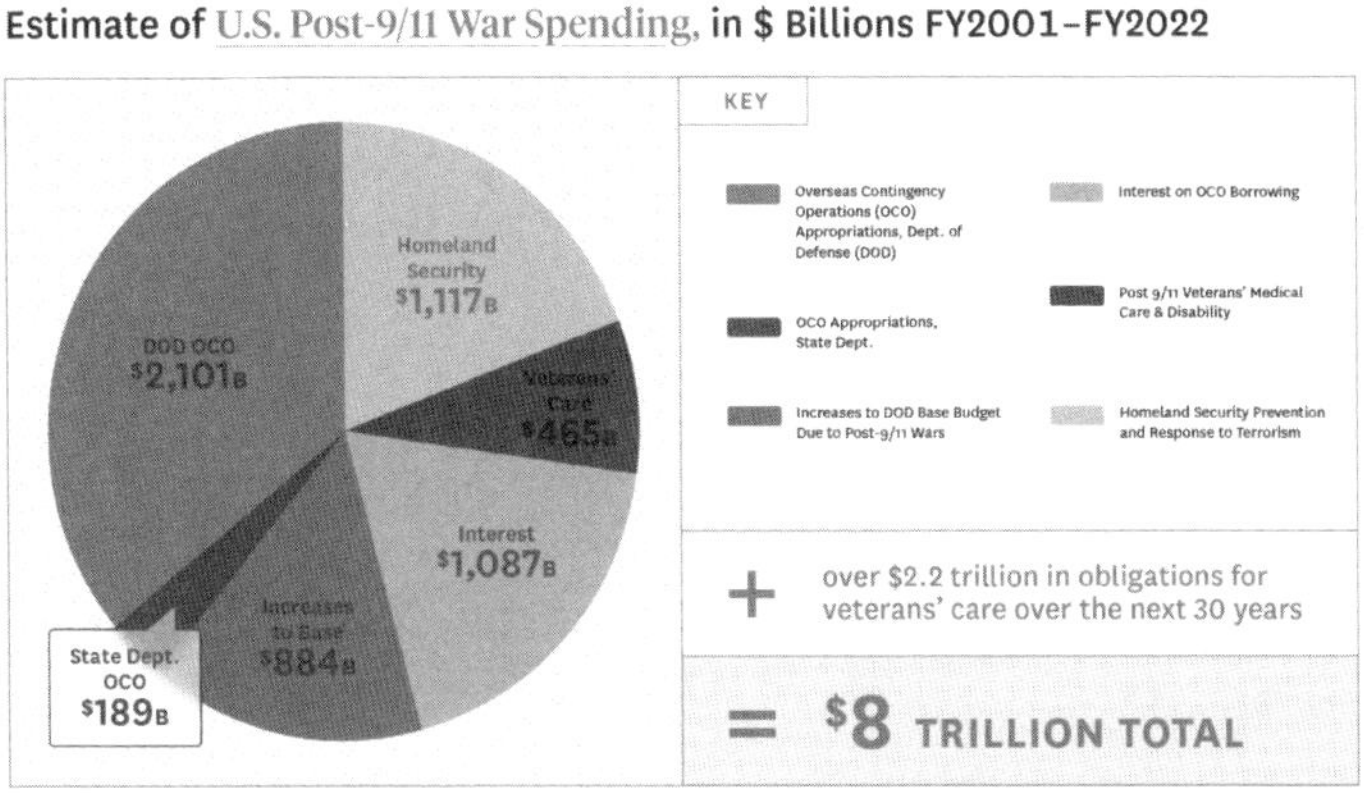

図１　同時多発テロ事件以降のアメリカの軍事支出（2001-2022年）

	Afghanistan	Pakistan	Iraq	Syria/ISIS[4]	Yemen[5]	Other[6]	Total
U.S. Military[7]	2,324[8]	-[9]	4,598[10]	-[11]	-	130	7,052
U.S. DOD Civilian[12]	6	-	15		-	-	21
U.S. Contractors[13]	3,917	90	3,650	19[14]	2[15]	511[16]	8,189
National Military and Police[17]	69,095[18]	9,431[19]	45,519-48,719[20]	80,600[21]	-[22]	N/A	204,645-207,845
Other Allied Troops[23]	1,144	-	323	13,407[24]		-	14,874
Civilians	46,319[25]	24,099[26]	185,831-208,964[27]	95,000[28]	12,690[29]	N/A[30]	363,939-387,072
Opposition Fighters	52,893[31]	32,838[32]	34,806-39,881[33]	77,000[34]	99,321[35]	N/A[36]	296,858-301,933
Journalists/ Media Workers[37]	74	87	282	75	33	129[38]	680
Humanitarian/NGO Workers[39]	446	105	63	224	46	8[40]	892
TOTAL	176,206	66,650	275,087-306,495	266,325	112,092	778	897,150-928,558
TOTAL (Rounded to Nearest 1,000)	176,000	67,000	275,000-306,000	266,000	112,000	1,000[41]	897,000-929,000

表１　同時多発テロ事件以降のアメリカの軍事行動における人的犠牲（2001-2022年）

出所）ともにブラウン大学ワトソン国際・公共問題研究所「戦争のコスト」プロジェクト（https://watson.brown.edu/costsofwar/）

を捨てず、世界中で過剰な介入を行ってきたのか。こうした問いが昨今、アメリカで頻繁に問われるようになりました。そのひとつの大きな背景として、アメリカ国民の生活や願いには関心がなく、アメリカ国内を疲弊させるような大規模な軍事介入を正当化する言説を生み出し続けてきたワシントンの政策エリートへの批判が高まっています。こうしたエリートたちは往々にして国防産業とも関係があります。ある学者の言葉を借りれば、「アメリカはリベラルな国際秩序を守らなければならない」という言説は「ブロブの完全雇用戦略」だというのです。

●新型コロナ危機が変えた安全保障観

そうした庶民の怒りを体現して台頭した人物が上院議員のバーニー・サンダースです。2016年と2020年に二度、民主党の大統領候補をめざし、若者の圧倒的な支持を得て善戦しました。彼の重要な主張のひとつは「国家の安全保障よりも人間の安全保障を」というものです。

サンダースはこう言っています。「パンデミックがアメリカに教えるのは、爆弾、ミサイル、ジェット戦闘機、戦車、潜水艦、核弾頭、その他の大量破壊兵器を製造することより、むしろ国民生活の向上こそが最大の安全保障だということだ」。新型コロナ危機でアメリカが最大の感染死者数を出すに至って、こうしたサンダースの「人間の安全保障」の主張は、アメリカ社会で非常に力を得ていきました。

新型コロナのパンデミックでアメリカが世界最多の死者を出した事実は、どれほど軍事的に強大であっても、感染症から国民一人ひとりの生命を守るのには役立たないことを証明しました。アメリカには国民皆保険制度がありません。裕福な人は充実した医療を受けられますが、経済格差や差別のために多くの人が適切な医療を受ける権利を奪われています。コロナ禍はアメリカ社会の歪みを白日の下にさらしたのです。サンダースは、国民の命を守るためにはそのような社会を大変革し、国が責任をもって国民生活を向上していかなければならない、適切な医療を誰でも受けられるようにしなければならない。それこそが最大の安全保障なのだと主張し、支持を拡大しました。

2020年のアメリカの国防予算は7380億ドルで、これは疾病管理予防センター（CDC）の予算の実に90倍でした。サンダースは国防費を10%削減して、その分の予算を感染症対策や社会保障に充てるべきだと主張してきました。この主張は議会で多数派になるには至っていませんが、進歩派の政策立案にも協力しているシンクタンクData for Progressによる2020年の世論調査によれば、国防費を減らして感染症対策などに回すことに賛成する人は

57％で、反対の25％を大きく上回りました。共和党支持者でさえ半数近くが賛成していたのです。

その後ウクライナで戦争が起き、ふたたび軍事的な安全保障の問題が浮上しています。アメリカはロシアの侵略に対抗するため、ウクライナに対して未曾有の軍事援助を続けてきました。ロシアのウクライナ侵略は疑いなき侵略行為であり、決して許されてはなりません。他方で、欧米の軍事支援によってウクライナの勝利がもたらされるかどうかも、現時点では見通せない状況です。今年になってCNNなどでも、ウクライナの戦場が西側の兵器の「実験場」になっていると報じられました。アメリカ国民も、長引く戦争のなかで国民生活への不安を吐露しはじめました。アメリカのような強国でも、国民生活とのかかわりのなかで合理的な安全保障政策を考える必要に迫られています。

ウクライナ戦争が、それ以前から米国内で高まってきた「人間の安全保障」論を後景に追いやってしまうことはないでしょう。ウクライナ戦争によってアメリカはふたたび国防費を増やすことになりましたが、そのなかでも肥大化する国防費や軍事覇権主義に対する批判的な見解は、かなりの程度共有されているのが昨今のアメリカなのです。

●アメリカ市民が求める「人間の安全保障」

しばしば日本の報道でも、サンダースは過激だとか、「左寄りすぎ」たために大統領予備選で敗退したといった言われ方をしてきましたが、こうしたお決まりの言説にも気をつける必要があります。

たしかにサンダースは「民主的社会主義」を掲げていますが、主張している内容は過激どころかヨーロッパでいえば中道左派程度の穏健な福祉国家論です。逆にいえば、その主張が過激派呼ばわりされてしまうアメリカが異常とも言えるのです。あれだけの圧倒的な軍事力を持ちながら、国民皆保険制度もなく、貧困層は民間の医療保険に入れず、その命は野ざらしにされている。この点についてアメリカは、とても先進国とは言えない状況です。サンダースの主張は、先進国ではあまりに当然のものです。旧い世代には、アメリカこそ世界最強で、また最良の国家と信じている人も多いですが、昨今、とくに若い世代は、アメリカは無益な軍事費を使いすぎた、ヨーロッパの福祉国家を見習って社会福祉の充実をはかるべきだと、真剣な模索を始めています。

いまのアメリカには、軍事よりも国民の福利や生活のためにお金を使うべきだと考える人、軍事的安全保障よりも人間の安全保障が必要だと考える人が増えています、と紹介すると、それを「内向き」と批判的にみる傾向があると感じます。つまり多くの人々が、アメリカの軍事介入がなければ自分たちの安全は成り立たないと考えているということでしょう。しかし本当にそのような「安全」に甘んじていていいのでしょうか。ますますの日米軍事一体化の先にしか、私たちの安全は本当にないのでしょうか。

アメリカ社会で高まる「人間の安全保障」論とも呼応させながら、少しずつでも、アメリカの軍事介入に決定的に依存したいまの安全保障環境を乗り越えることをめざす。それは単なる理想論でしょうか。私は諦めずに考えていきたいと思っています。

3 日本の主体的な外交とは――アジアの一国として

ウクライナ危機以降、岸田首相はことあるごとに「G7の協調と団結」を強調してきました。今年は日本がG7の議長国であり、5月には広島サミットを控えている。首相は「西側諸国の一員」として役割を果たそうと意気込んでいるのでしょう。

しかし、あらためて日本とはどんな国か、平和のために何ができるのかを考えるとき、私は

The West and its allies have joined forces to sanction Russia. Other countries have steered clear
(countries that have sanctioned Russian individuals and business entities, imposed travel restrictions, limited trade with Russia and/or targeted Russia's financial sector)
Countries that have imposed sanctions on Russia
Sources: Peterson Institute for International Economics; EIU.

図２　対ロシア制裁に参加した国

出所）The Economist Intelligence Unit (http://country.eiu.com/article.aspx?Country=Russia&articleid=152027998&subsubtopic=External+sector&subtopic=Forecast)

やはり「アジアの一国」だということが大事だと思います。

この地図（**図２**）は、ウクライナに侵攻したロシアに対して経済制裁や金融制裁を課している国を示したものです。北米やヨーロッパの諸国、そして日本やオーストラリアが制裁に参加している一方、それ以外のアジア・アフリカ、中南米の圧倒的多数の国、すなわち「グローバルサウス」と呼ばれる南半球の新興国は参加していないことがわかります。ロシアの侵略行為に対しては多くの国が非難していますが、制裁までは踏み切っていない。もちろん、そこには強国ロシアと対立したくない、経済やエネルギーの取引を失いたくないといった利害関係も影響しているでしょう。

しかし、それだけではない。ウクライナ戦争のなかで、新興国は自分たちの立場を、道義的な判断を曖昧にする「中立」ではなく、意識的に対立から距離を置き、その克服をめざす「非同盟」と言いあらわすようになっています。この「非同盟」の立場を、政治的・経済的な思惑からロシアとの関係を断ちたくないというご都合主義とみなすのは一面的でしょう。その背景には、欧米諸国によってさまざまに踏みにじられてきた歴史があります。新興国は今回のウクライナ戦争を、より長い歴史的な文脈に照らして理解しているのです。

たとえばラテンアメリカ諸国についていえば、この100年アメリカから度重なる軍事的・経済的な介入や支配を受けてきました。その行動は、戦争の違法化が確立されていない時代だったために、あるいは経済的な浸透などより非公式的なものであったために、国際法違反とはみなされなかった。あるいは、超大国アメリカの力で批判の声を押し切った。

ラテンアメリカ諸国の歴史観や世界を見る目には、そうした歴史的事実がしっかり刻まれているのです。こうした歴史と経験を背景に、ラテンアメリカの人々は、ロシアの行動を明らかな国際法違反として批判しつつも、「善」と「悪」どちらにつくかという踏み絵を欧米諸国から強いられることには反発を感じています。

新興国の「非同盟」の立場の背景には切実な事情もあります。戦争が長期化するなか、世界的な食糧・エネルギー危機が進行し、新興国でも人々の命が脅かされています。命の危機は戦場だけにあるわけではない。これらの国々は、ウクライナから世界に広がる多層的な危機、それによって脅かされている自分たちの命にも目を向けてほしいと訴えています。

●緊張緩和に動くG20議長国

新興国は、ウクライナ戦争に関してはG７諸国とはかなり異なる、しかし同様に断固たる立場をとっています。これらの国々は、ウクライナ戦争も大変な人道危機であるが、その長期化のなかで、アジアやアフリカ諸国で食糧危機やエネルギー危機のために危険にさらされている命が十分顧みられていないことに危機感を募らせています。

昨年のG20首脳会議では、ロシアを呼ぶべきではないという主張がG７諸国を中心に高まりましたが、議長国であるインドネシアのジョコ大統領は、紛争当事国で融和が困難な国だからこそ、G20というフォーラムに引っ張り出し、多国間の対話につなぎとめておく必要があるという考えから、ロシアの参加を模索しました。ジョコ大統領は「戦争を終わらせなければならない。世界を二つに分断すべきではない。新たな冷戦におちいってはならない」と、両陣営の仲介国家となることへの意気込みを見せました。

この姿勢は、今年の議長国であるインドのモディ首相にも引き継がれています。インドは、ウクライナ危機後も一貫してロシアとの経済関係を維持し、G7諸国からは白い目で見られていますが、モディ首相は「いまは戦争のときではない」「大国間の対話を促進する」と、仲介国家となることへの意気込みも見せています。今年1月、モディ首相はさっそく「グローバルサウス・サミット」をオンラインで開催し、グローバルサウス諸国の窮状を国際社会に伝え、大国間の対話を促進し、戦争を終わらせる「架け橋」としての行動を見せました。

●日本に必要な外交ビジョン

G20諸国やグローバルサウス諸国の動きも見ると、現在のウクライナ戦争と、そこで日本の占める立ち位置もかなり違って見えてくるのではないでしょうか。G7の一角であると同時にアジアの一国でもある日本は、どのような外交的ビジョンを持ち、国際社会でどのようなプレイヤーとして振る舞うべきなのでしょうか。

ウクライナ戦争に際し、ロシアと欧米との深い対立に加え、欧米や日本とグローバルサウス諸国との足並みもなかなか揃いません。しかし、こうした世界状況を「分断」と呼ぶことには慎重でありたいと思います。ウクライナに一日も早く平和をもたらしたい、食糧・エネルギー危機を国際社会で団結して打開したい、こうした思いは各国の人々の共通の願いでしょう。そうした共通性こそ、私たちがいま目を向けるべきものです。

日本は今年のG7サミットの議長国です。岸田首相はアジアで唯一のG7メンバー国として、G7とグローバルサウスの国々との「架け橋」となる意欲も語ってきました。年頭の記者会見でも、「グローバルサウスと言われるような中間国とも連携し、思いをひとつにして、停戦や平和に向けて努力すべきだというメッセージを世界に広げていく」と語っています。「架け橋」は岸田首相が外交のキーワードとしてよく用いてきた言葉ですが、具体的にどういう行動を意味するのかが問われる局面です。すでにG20議長国として、インドネシアやインドはそうした「架け橋」としての行動を見せています。

●軽視される食糧安全保障

食糧安全保障は日本にとっても他人事ではありません。ご存知の通り、日本の食料自給率は約37％でもともと低いのですが、食用のみならず肥料や種、飼料用作物なども費用対効果を優先して輸入に頼っているので、実質的にはもっと低くて10％台ではないかとも言われています。仮に「有事」が長期化すれば、ほとんど確実に食糧危機におちいる国と言われています。グローバリゼーションの時代、すべての国がそうと言えますが、とりわけ日本は国際社会の中での経済関係、相互依存の中で生きている国です。日本の地理的状況を考えても、食糧に加えエネルギー危機にも真剣に向き合わなければ国民は守れません。「有事」への軍事的備えを勇ましく語る人たちは、どれだけこうした相互依存の「現実」、そのことによってつながれている市民の生を見据えているのか疑問です。

もちろん食糧は、有事のみならず平時も重要です。今回のウクライナ危機では、世界中の食糧供給が大混乱におちいりました。ウクライナ戦争を受けてインドは小麦の輸出を停止し、ロシアは小麦のほか、肥料の原料になるカリウムの輸出も止めました。こうしたことから教訓を得るなら、安定した食糧供給の道を平時から確保しておくことが、まず最大の安全保障となるはずです。しかし日本政府は、いまだにこの問題に真剣に取り組もうとはしていません。

政治家たちもまったくこの問題に言及せず、ひたすら「今日のウクライナは明日の台湾」といった粗雑なアナロジーの議論に興じています。軍事的な危機は論じても、国民生活に直接的にかかわる食糧安全保障について議論しないのはなぜなのか。仮に食糧危機が起きて、国民の暮らしが大変なことになっても、「特権階級」である自分たちはなんとかなると思っているのではないかと思わざるを得ません。市井の人々の立場に立って考えていたら、こんな重要な問題をきちんと論じないで済ませられるわけはない。こうした悪しき貴族主義が、第二次世界大戦の経験があっても変わらなかったとしたら、戦後日本の民主主義国家としての歩みは何だったのか。むなしい気持ちにも襲われますが、民主主義の立て直しのためにはまず、問題の所在を正しく認識しなければなりません。

●専門知の危険

この例ひとつとっても、「日本の安全を守れ」と勇ましく言う人たちが、本当に市井に暮らす私たちの安全を考えているのか。「中国から台湾を守れ」と言う人が本当に台湾の人々のことを考えているのか、と疑問が募ります。

自戒を込めてですが、このような時代に、専門家の役割はきわめて重要ですが、同時にその知を批判的にみることも重要になってきます。冷戦の時代、アメリカでは名だたる学者たちが、ひとつの国が共産主義の手に落ちればたちまちその周辺国にもドミノのように伝播するという「ドミノ理論」や、兵士を殺せば殺すほど相手は弱るという「ボディカウント理論」のような、新興国に生きる人々の自主性やナショナリズムをまったく理解しない荒唐無稽な理論を提唱して、ベトナムなどに対する軍事介入を正当化する根拠を提供しました。いまから考えると、なぜこのような著名な学者がこんなことを言ってしまったのかと不思議に思うくらいですが、当人たちは大真面目で、当時の人々は専門家が言うのだからとそれを信じ、政府の決定を支持したのです。

現在でも、先に述べたような政府系シンクタンクや、ペンタゴンと結託する学者や専門家たちが、アメリカの軍事・外交政策を市民が求めるものとは逆の方向へと歪めている部分が大いにあると思います。

専門知の重要性は強調してもしすぎることはないのですが、専門知が間違った政策に利用される危険性も、同じくらい強調しておかねばなりません。安全保障の領域は、とりわけ「何もわからない素人は口を出すな」といった専門知の傲慢が出やすい領域です。すべての人々の安全や生命にかかわる問題でこそ、専門知は常に、市民の目線、何かあれば生命を脅かされる人たちの目線から批判的に問い直され続けるべきです。そうした透明性のあるコミュニケーションで鍛えられない専門知は、簡単に現実から遊離したものとなってしまうでしょう。

机上でいかに精緻な理論を打ち立てても、それが現実に適用された場合に犠牲になる人の命の重さ、失われる生活に具体的に思いが至らなければ、専門知は容易に戦争へと人々を動員するための道具にされてしまう。市民に対して閉ざされ、市民の命をどう守るかの具体的な戦略を持たず、考えようともしていない戦略論がますますさかんな現状に危機感を抱いています。

●命か自由かではない

岸田政権が強調する「日本は厳しく複雑な安全保障環境に直面している」という認識は、少なくない国民も共有するところです。しかし大事なことは、日本もまたこの「厳しい安全保障環境」を構成するプレイヤーであるということ、私たちの行動もこの環境をつくる構成要素のひとつだということです。「厳しい安全保障環境」を所与のものと考え、防衛力を増強し、自分たちの生き残りのために行動すること自体が、結果的に私たちの安全保障環境をさらに悪化させてしまう危険性も考えなければならない。「厳しい安全保障環境」には、むしろ硬軟混じえた柔軟な思考を持って立ち向かっていく必要があります。

現在、日本では、台湾の人々の自由を守るという文脈でも「台湾有事」が語られています。しかし昨年の12月、台湾の蔡英文総統は、ローマ教皇フランシスコに宛てた書簡で「中国との戦争は選択肢にない」という認識を示し、そのうえで、台湾の人々の主権と自由の尊重が中国との健全な関係の基礎であると訴えました。

命も自由も、人間にとって根源的な価値です。「命か、自由か」という極端な二者択一に基づく議論自体を、まずは問い直すべきでしょう。戦争という最悪の事態を回避しながら、台湾の人々の主権・自由をどう守るか。隣国として、日本もまた、この困難な問いにともに頭を悩ませ、「有事だけは何としても防ぐ」という覚悟で防衛、そして外交を進めていく必要がある。そのことを強調して私のお話は終わりたいと思います。

第4章

安保三文書と「高次の法」

——見るべき《現実》と法の《内実》

志田陽子
武蔵野美術大学教授

はじめに——安保三文書を考える四つの視点

2022年12月16日に閣議決定された三つの文書は、日本の安全保障政策を「転換」するものだと言われています。これは、正式名称は「国家安全保障戦略」「国家防衛戦略」「防衛力整備計画」という三つの文書のことで、通称「安保三文書」ないし「防衛三文書」と呼ばれています。ここでは「安保三文書」と呼ぶことにします。

この内容が、日本の安全保障のあり方を大きく変えるものとなることから、歓迎・喝采ムードの声と憂慮・反対する声の両方が、メディアと市井を飛び交っているところです。

いま、生活者目線での国民の関心は、「その財源はどうするのか」「社会保障など福祉予算が減らされるのではないか、あるいは増税になるのか」というところにあり、そこから照らし返す形で「そもそもこの防衛構想は本当に必要なのか」という関心へとつながっていると思います。それは生活を抱えた主権者の関心の持ち方として当然の筋道です。こちらの関心から、これまで安全保障問題にそれほどの関心を持ってこなかった人が新たに関心を持ちはじめている可能性もありますので、この章ではそもそも論からお話をしたいと思っています。

が、財源が確保できればいいという話なのか。「国が自国民の安全をどう守るか」という問題には、それ自身の必要性・実効性・有効性・コスト&ベネフィットの議論、統治倫理や法や国際社会との信頼関係維持といった議論が必要です。いま私たちは、そうしたことを市民と研究者の垣根を超えて、ともに《自分ごと》として考える重要な機会を得ているのだと思います。

本章では、この「安保三文書」をめぐる憲法上の問題を考えるにあたって、視点を四つに整理したいと思います。

1番目の視点は、安全保障問題そのものについてです。「安保三文書」と呼ばれている文書にあらわれた政策内容が、その施政下にある人々の生命・安全を守る政策と言えるのか、という問題です。

2番目の視点は、このことと法との関係はどうなるか、という視点です。これが憲法の話、そして「法の支配」の話となってきます。

3番目の視点は、決定のあり方についてです。国民の意思を問わずに、憲法の実質的内容の改変が進行していないかどうか。国民主権、民主主義からの視点です。この点で、世論操作的な危機語りによって熟議がしにくい空気が醸成されていることは、国民の意思決定に重大な影響を及ぼしますので、これも国民主権、民主主義の問題とつながってきます。

4番目の視点は、財政の問題です。真に必要な政策・予算なのか、どのように調達するのか、国民の現実の暮らしのための予算とバランスがとれているか、などを問う視点です。今回の「安保三文書」では、防衛費をGDP比2％に倍増する方針が示されたため、この財政問題が大きくクローズアップされることとなりました。

以下、この四つの視点から「安保三文書」の問題を見ていきます。

1 「反撃」なら専守防衛と矛盾しない？

●2022年「安保三文書」にどうタイトルをつけるか

安保三文書では、これまで「敵基地攻撃能力」と言われていたものが、正式に「反撃能力」と言い換えられました。そして、この「反撃能力」について「わが国が攻撃されたときに反撃する問題だから、安全保障上、そして憲法に照らしても問題はない」と内閣は答えています。

攻撃を受けたことに対しての反撃なのだから専守防衛の枠を逸脱するものではなく、問題はないという説明をそのまま受けとめ、これまでにない規模の予算をつけて先進テクノロジーを組み込みます、という部分を指して「歴史的転換」と表現するか、専守防衛の枠を逸脱することになると警鐘を鳴らすか……。メディアの報じ方については、望月さんからご報告いただきましたが、私が見た限りでは東京新聞だけが明確に後者の立場をとりました。そして、法学的に見たとき、今回の「反撃能力」の実質的な内容については、東京新聞の理解が正しいと思います。

というのも、「反撃能力」の内実は、２０１５年に成立した安保法制によって可能になった「集団的自衛権」行使と組み合わせて考えると様相が変わるのです。そして内閣は、２０２２年の5月以来、この反撃を行うべき事態の中に後述の「存立危機事態」も含む、との見解を示しているのです（２０２3年2月から3月の国会では、「自国の自衛と集団的自衛は別の話だ、そういうことにはならない」との答弁もありましたが、ここに場当たり的なブレがあります。そうしたブレがあるときには、危険なほうにズレ込むことを十分に警戒する必要があります）。

●２０１５年の安保法制と「事態」

２０１５年の安保法制は、どうしてもそれを日本国の制度ルールとして常備するなら、憲法改正をしてからでないとできない内容を、通常の法制定・法改正の形で通してしまいました。当時の国会での議論は最後まで嚙み合わず、憲法改正手続きも経ることなく、強行採決が行われました。

この安保法制の仕立てでは、日本は攻撃されていないが、日本と「密接な関係」にある他国がなんらかの攻撃を受けたときに、日本がその国のために武力攻撃を行うことや軍事的後方支援を行うことが「集団的自衛権」の行使として可能になっています。

「存立危機事態」とは「我が国と密接な関係にある他国に対する武力攻撃が発生し、これにより我が国の存立が脅かされ、国民の生命、自由及び幸福追求の権利が根底から覆される明白な危険がある事態」を指します（事態対処法2条4号）。

もうひとつ、「重要影響事態」というものも視野に入れておきたいと思います。これは「そのまま放置すれば我が国に対する直接の武力攻撃に至るおそれのある事態等我が国の平和及び安全に重要な影響を与える事態」と規定されています（重要影響事態法1条）。

これらを組み合わせると、たとえばこのような流れが想定できます。

「重要影響事態」は、2015年以前には「周辺事態」と呼ばれていたもので、それまでは日本の周辺という地理的限定が曲がりなりにも含意されていましたが、2015年以降は、

「切れ目のない」安全保障の名のもとに、地球上のどこにでも自衛隊を「後方支援」――それ以前の人道的後方支援に限定されない、軍事的後方支援です――として派遣できることになりました。２０１４～15年当時、国会での内閣からの説明ではホルムズ海峡が仮想例に出ました。

ここからは仮想の話となりますが、アメリカはいまでも世界中に軍隊と軍事基地を展開しています。そのどこかで人員や弾薬が足りないなどの必要が生じたとき、日本の自衛隊が「後方支援」を要請され、現地に行く。そこで後方支援活動中の部隊が攻撃の標的になる可能性は非常に高いといえます。ここで、自衛隊または米軍のどちらかに何かの危険が生じたとき、政府が恣意的に「我が国の存立を脅かす事態」と解釈し、「存立危機事態」を認定することも法的に不可能ではないのです。

「法的に可能」というのは、そういう無茶苦茶で自滅的な判断を、万が一誰かがしてしまったとき、それを防ぐ歯止めが法ルールの中に組み込まれていないということです。もちろん、こんなことは永久に杞憂で終わることを私も願っています。しかし、そういう歯止めのなさを「憲法上許容できない欠陥」と考える専門家も多く、安保法制違憲訴訟ではその考え方がとられています。

●虚偽報告から垣間見えたリアル

2015年、自衛隊が南スーダンに派遣されたときには、この「集団的自衛権」の筋ではなく国連PKO（平和維持活動）への協力としての派遣でした。この平和維持協力も2015年以降、人道支援活動だけでなく、軍事的な後方支援活動も行えることになっており、活動の質が変わっていました。

この南スーダン派遣については当初、稲田朋美防衛大臣（当時）から、戦闘を含む事態はなく、現地での活動実態を記した「日報」はすでに廃棄済みで存在しない、という報告が行われましたが、それが嘘だったことは、その後にその「日報」が出てきたことで明らかになりました。ただし、その内容を報道機関などが情報公開請求しても、ほとんどが黒塗りで素人目には内容がわかりません。しかし、その後の関係者談話などで実態が徐々に明らかになり、軍事的後方支援というものがいかに危険な軍事活動そのものであるかを、私たち一般人にも垣間見せてくれました。布施祐仁さんのご著書『日報隠蔽　南スーダンで自衛隊は何を見たのか』（集英社）にこうしたことが詳しく書かれています。

こうした事実に報告上どのような名称をつけようと、生命・人身の危険、そして精神に取り返しのつかない損傷が起きる危険は現実のものです。そして、この危険は「国際貢献」の筋でも「集団的自衛権」の筋でも同じです。

これと同様の現実がまた起きたとき、あるいはそこでアメリカ軍などの「我が国と密接な関係にある他国」が一緒に活動していたとき、ＰＫＯ活動の筋が「集団的自衛権」の筋に横滑りして、「重要影響事態」や「存立危機事態」に切り替わる、ということが起きない保証はありません。これらの「事態」認定には、国会の承認を要するなどの手続き上の歯止めも、法令上の歯止めもないため、内閣が（おそらく当該国の要請を受けて）「事態」認定をすれば、集団的自衛権の行使としての軍事行動ができてしまいます。

●歯止めが壊れている法律

そしてさらに、仮に日本が後方支援などの活動を行わずに静観していたとしても、いきなり「存立危機事態」認定が行われることが、制度上は可能です。日本が被害を受けていないにもかかわらず、アメリカなど「我が国と密接な関係にある他国」の軍隊や軍事基地がＡ国から攻撃を受けたとき、日本はこれを「存立危機事態」として認定できます。

このとき、この「事態」に対して、政府のいう「反撃」すなわち他国領土内にある「敵基地」への攻撃を行うとなると、これは、たとえ日本の国内法とアメリカとの関係の中では形式上合法でも、日本とA国との関係ではまさに「先制攻撃」となる場合が出てきます。このとき、日本は国際法上どこの属国でもない主権国家ですから、「断れない関係だったのです。密約に基づいて、やるしかなかったのです」と弁解したところで、国際法違反の行為について免責されることはありません。アメリカが「テロとの戦い」のなかで行ってきた被疑者拷問などの行動を見ると、国際法に反するとの批判はあるものの、それが根拠不明ながらなんとなくうやむやにされて許容されてきたように見えます。しかし、日本が国際法違反となる行為によって他国に死傷者を出した場合、そのように許容されることはないのではないでしょうか。

また、法文にある「我が国と密接な関係にある他国」についても、いまのところはアメリカが想定されていますが、法文ではあえて「安全保障条約の締約国」とせずにこの書き方をしていますので、今後の流れによってはアメリカ以外にも、合同軍事演習参加国（韓国やオーストラリアなど）や武器の輸出入関係に立つ国（イギリスなど）、そして経済安全保障上の連携国（インド太平洋諸国）などに広がる可能性もあります。

そのように該当範囲が広がっていくと、結局はその時々の場当たり的な利害判断に委ねられることになっていく……。そういう方向へズルズルと流れていく成り行きとなったとき歯止めのない法律になってしまっているのです。「事態」認定に歯止めがないという問題は安保法制違憲訴訟でも指摘され、後述の横浜地裁判決でも問題があることが認められています。

●混ぜるな危険

この組み合わせが現実化すると、日本は正真正銘のレッドゾーンに踏み込むことになる、というお話は、敵基地攻撃能力という言葉が登場して以来、市民向けの講演で何度かお話ししてきました。もちろん、2015年以降の「集団的自衛」の筋と、敵基地攻撃能力獲得が言われてきた「個別的自衛」の筋とは異なるものなので、このような混同は起きるべきではなく、そこは杞憂に終わることを願いつつ、「混ぜるな危険」などと笑いを誘うフレーズを使いながら、しかし笑えない懸念としてお話ししてきたのでした。

しかし、それが2022年12月以来――翻ってみればこのリンケージが見えてきた2022年5月以来――、現実のものとなってきたわけです。

これが本物の先制攻撃になりうるという問題を、内閣は考えていないのではないかと思います。4節で述べるように、ここまでの私のお話を含め、本書全体で語られる問題に、政府内部の人々は、残念ながら関心がないようです。日本を本気で軍国化しようとか、まして、恐れられる存在となることで周辺世界を平定するというマキャベリ的・ホッブズ的リアリズムの中の覇者を引き受けるといった帝王哲学があるとも思えません。もしも実際にこの「反撃」を行ったらその後どうなるかということにも、この「反撃能力」で近隣諸国に睨《にら》みをきかせることが、どういう緊張と副作用をもたらすかということにも言及がないのは、安全保障上の配慮から言えないのではなく、そこが関心事ではないからなのだろうと思います。これは、政治と法治の思想史上、もっとも権力支配に肯定的な思想家たちから見ても、失格と言われるレベルだと言えるでしょう。

だからこそ、これは各領域の研究者や、現場を知っているジャーナリストが知恵を出しあい、きちんと検証しなければいけない問題です。たとえば、抑止力に期待する軍備の拡充がむしろ国際的な軍拡を招いてしまう危険性や、国民への説明として語られる「危機」の内実について問い、議論の精度を高める方向です。今日のシンポジウムは、その実践のひとつのモデルになるのではと思います。

2　安全保障についての「高次の法」と憲法の組み立て

●憲法９条は死んだ？

私自身は憲法研究者ですので、憲法に立脚した視点からお話をすることになるのですが、このとき「最高法規である憲法にこう書いてあるのだから、これを守れ」という議論の立て方では通用しないのだということを、率直に認めるところから話を始めなければならないと思っています。

というのも、最近「憲法９条は死んだ（すでに死文化している）」という言説が聞かれることがあり、私は「死んだ」とは決して考えていませんけれども、「そんなことは日本人ならわかるよね」というような、当然の通用力は失われたと思っています。正確に言えば、そのような通用力は憲法制定の最初から存在してはいなかった。これが本日の、私が肝に銘じておくべきリアリズムです。

車を運転するとき、道路交通法や道路標識を守る、ガードレールをぶち破ってはいけない、ということはみんな当然のこととして了解しています。警察官が交通違反をしたドライバーを呼び止めるとき、その法規がなぜあるのか、その場所になぜ速度制限や一時停止標識があるのか、この場所で過去にどんな事故があったか、といった事情をいちいち話して聞かせることはないと思います。私たちが住んでいる住居についても、設計士が建築法規を守って設計しているのは当然で、そこに違反があれば当然に大問題になる。そういう「当然」の感覚が、こと憲法と安全保障の関係については共有されていない。その意味では、つまり問答無用でその違反を「違反」に問えるような法規としては、憲法前文や憲法9条は存在してこなかった。ここは、憲法に足場を置いて何かを言おうとする者が、わかっておかなくてはならないリアリズムだと思うのです。しかし、だからといって憲法が法として存在しないわけではなく、ただ、憲法によって何かを言おうとする者は、その規範がなぜ存在するのか、なぜ必要か、それに照らした権力ウォッチがなぜ必要かという論証努力から決して解放されない、ということなのです。

●高次の法の意味

この論証努力のうち、憲法制定過程の話には今日は立ち入らず、安保三文書の話にフォーカスしたいと思います。

現在の「反撃能力」構想は、故安倍晋三氏の強い意向を受けてのものだと報じられています。その安倍政権が「積極的平和主義」を打ち出して以来、「法の支配」という言葉がしばしば使われました。そこで政府が思い描いている「法」と、「法の支配」という言葉が本来意味している「法」とは異なっているのですが、おそらくそのことに、当時の安倍氏も、その意向を引き継いだ岸田氏も気づいていないでしょう。

現在の政府と与党は、〝数の論理〟で法案を通してしまえば、いかようにも「合法性」を作り出せる、そのことの白紙委任を有権者から与えられた、それが民主主義だと考えているように見えます。それがあまりにもあからさまに露呈したのが、現在の安保法制が可決された２０１５年９月19日の国会でした。

しかし本来「法の支配」という言葉は、この成り行きに「待った」をかけるためにある言葉なのです。「法の支配」というときの法とは、法律を定めて実施する為政者よりも高次の、国を預かる者が守るべきルールのことを言います。どんな内容であれ、〝数の論理〟で法律案を可決してしまえば「合法」になる、という思考とは正反対の思考です。

為政者・統治者は、好むと好まざるとにかかわらず、施政下の人間をその決定（法律）に従わせる実力（パワー）を持ちます。なぜそれが認められるのか。先ほど引き合いに出したイギリスの思想家ホッブズを参考にすると、それは、その統治に従う人々が、自分たちの生命と安全を守るために妥協したからです。「なんであいつがトップなんだよ？」という不満はあるにしても、トップ争いの先にあるのは、「万人の万人に対する闘争」の果ての死だ。死の恐怖の前では、人は栄誉欲や権勢欲よりも生存を選ぶ。その現実的選択の結果が国家だ、と。

このとき、国家を治める王と王以外の人々のあいだに交換条件が成立したのだ、とホッブズは言います。国家が人々の生存を守ることを約束し、これと引き換えに各人の手から武力を取り上げて警察・軍隊という形に整え、人々に各種のルールを守るよう命じることが認められたのだ、と。ホッブズの言葉はもっと格調の高い言葉ですが、ロジックとしてはこういう趣旨です。「命あっての物種じゃないか、そのためにはプライドは脇に置いて、頭を使えよ。理性と知恵を駆使して、契約を取りつけて生き残るほうがマシだろ?」と。これは、四方八方が宗教戦争だらけという「厳しい環境」の中での言葉としては、まさにリアリズムです。ホッブズの議論は、結果的に権力正当化の方向に引用・利用されることが多く、さまざまな批判や別の発展形が出されてはいますが、まずは出発点として知る価値があります。

ホッブズがこのような思想を説いて国家を擁護しつつ、同時に念入りな釘刺しや諫言《かんげん》をしたにもかかわらず、その後のイギリスでは国王が無謀な戦争や税の取り立て要求によって議会メンバーの現実の生活（領主としての領地経営）を圧迫し、そのために議会が国王に統治権の放棄を迫るという出来事がくりかえされました。この状況に対して、「統治者が人々との約束を裏切って無謀で収奪的な行動をとったとき、人々がその統治者を見限るのはアリです」と論じたのがジョン・ロックです。この結果、イギリスでは民主主義が確立していき、アメリカ独立によってその民主主義が一気に完成型に近づくわけです。

ここで、国王といえども従うべき「高次の法」の考え方は、捨てられることなく維持されました。それがいま私たちが知っている憲法の原型であり、このルールを組み込んだ民主主義が「立憲民主主義」です。日本国憲法もその流れを汲んでいます。

安倍晋三氏も、王政時代の立憲主義については漠然と知っていたようです。ただ、そこから先、主権者が変わった後もこの考え方は生き続けたということには、知識が及んでいなかったようです。もっと言えば、第二次世界大戦では「高次の法」があまりにも見失われ、政権をとった者が人道に反することでもできてしまう方向に行ってしまったために、大戦後の国際秩序ではこのことの大切さが再確認されました。この再確認された「高次の法」、つまり最高の地位にある統治者といえども服するべき政治道徳の法が、「法の支配」という言葉における法なのです。国際法における「法の支配」の理念と問題性については機会を改めたいと思います。

だから、国の政策がそもそも人々の生命・安全を守ることに貢献しない、それどころか安全保障に名を借りて国民から富を巻き上げる収奪国家になってしまっている場合には、そもそも国家として人々を従わせる資格がない、ということになります。現在の「防衛装備品」の爆買いの中にこの問題がないかということも、考えなくてはならない問題です。主権者としての私

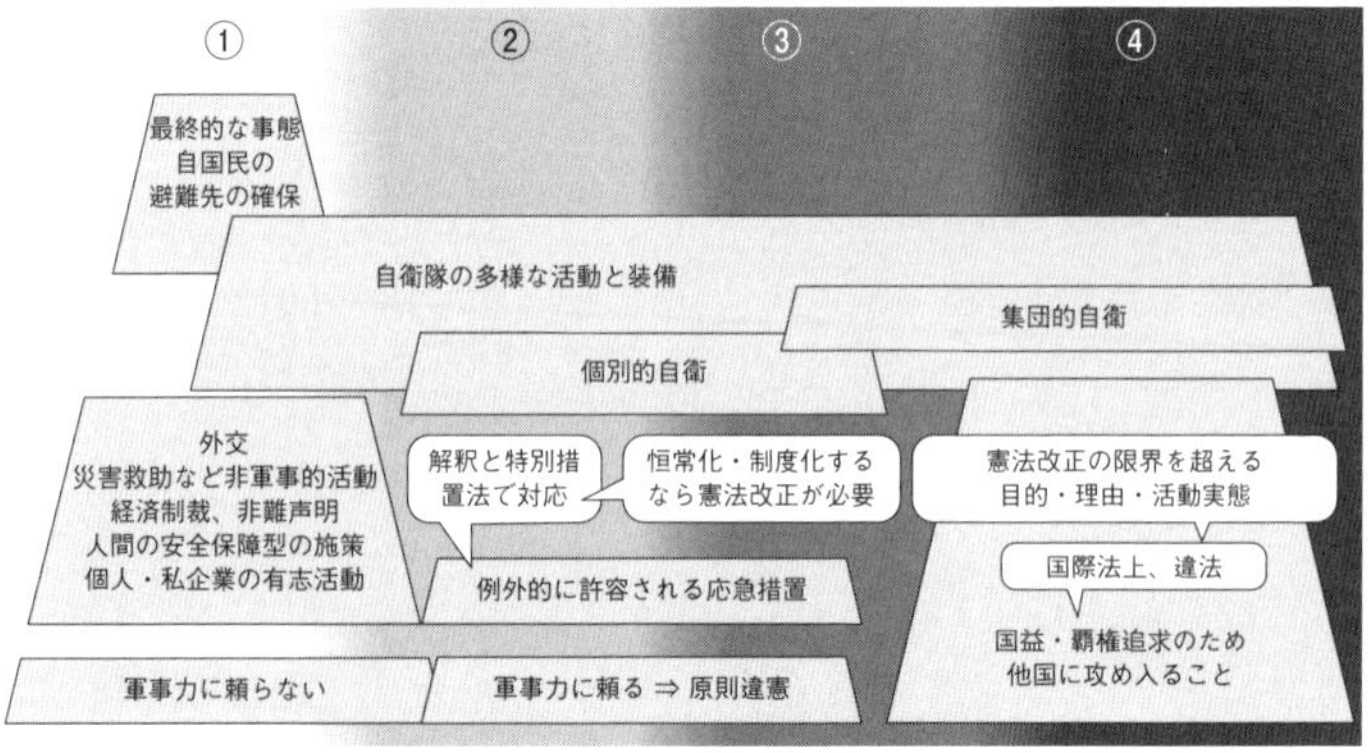

図１　憲法と安全保障の概念図

たちは、常にそこをウォッチしていなくてはならないですね。

●憲法の組み立て

さて、そのような歴史の流れを汲んだ日本国憲法が、安全保障についてどのような組み立てをしているか、ざっくり見ていきます（**図1**）。

一番左の①のゾーンは、憲法が本来想定している安全保障の方法です。いずれも軍事に頼らない方法です。外交努力や災害救助などを行う、経済制裁を行う、人間の安全保障型の施策を考えていく。最終的には、自国民の避難先を確保するほうが先だという考え方です。憲法は「座して死を待つ」ことを想定しているわけでは決してなく、憲法の想定内でもこれだけの方法があることを確認してほしいと思います。

これに対して、憲法が禁じているのが一番右の④のゾーンです。軍事による利益追求（侵略）の方向です。中間の場所は、現行の日本国憲法には反するけれども、国際法には反しない事柄です。自衛目的の軍隊を持つ、侵略的攻撃を受けたときに自衛のための戦争を行う（交戦権を行使する）等、つまり、よく言われる「普通の国」になるという方向です。日本がこれを正式に常態の制度とするためには、前述の通り憲法改正が必要です。

いま「正式に常態の制度とするには」と言いました。どういうことかと言いますと、法にはもともと正当防衛や緊急避難という考え方があります。２０１５年以前の「自衛権」の考え方はこの考え方に基づくもので、自国の防御（個別自衛）に限って専守防衛に徹するというものでした。

自分たちの国が本当に不当な攻撃を受けてしまったとき、どうするのかという「個別的自衛」の問題領域には、①被害救助など憲法上問題のない活動と、②解釈で対応してきた部分、そして③制度化するなら憲法改正が必要となる部分があり、それが混在してきました。

このうち②が「正当防衛」の筋で正当化されてきたわけです。他国から「急迫不正の」攻撃を受けたときに、やむを得ず応急の措置として反撃することは例外的に認められる、だからそのための「必要最小限度」の実力行使は認められる、だからそのための必要最小限度の実力組織（＝自衛隊）を常備することも認められる、という考え方がとられてきました。２０１５年までは、逸脱や詭弁の問題を多々抱えながらも、ロジックとしてはその建前が守られていたと思います。

そこのところを、自衛隊員に失礼だといった情感に訴えて踏み越えようとする議論は、基本的なロジックが理解できていない議論だったと思います。そして、このロジックそのものを捨てて、例外的な正当防衛としてでなく常態的な軍事組織を憲法上に正式に位置づけよう（③）というのであれば、国民全体で真剣な討議をしたうえで、憲法改正が必要です。

さて、この図の中で一番右端の④は、憲法上も国際法上も完全に違法となるゾーンです。国益追求のために軍事的侵略を行うこと、そのためにみずからが攻撃を受けていないのに他国に先制攻撃を行うこと、そうした行動に軍事行動によって参加することです。ここは、たとえ憲法改正をしたとしても国際法上違法となります。日本国憲法の前文と９条の言葉の解釈にはいくぶんの幅があることはたしかですが、どんなに狭い控えめな解釈をとったとしても、ここには絶対に行きませんという国際社会への約束が込められています。

●物理的装備の話と、人間の意志の話と

「実際に物理的攻撃を受けたら、憲法条文をいくら唱えても国を守れないではないか」とよく言われます。それはたしかにその通りです。これは、刑法199条（殺人罪）の条文をどれだけ唱えても、確信的に人を殺そうとしている殺人犯や、追い詰められて切羽詰まって衝動的攻撃に出てしまった人の前では、どうしようもないのと同じです。しかし、社会全体がこの規範を共有することによって、相当程度に殺人は防げています。そこで「すべての犯罪が完全には防げない以上、刑法などはあっても無駄だから、そんなものは捨ててみんなで銃を持とう」という方向には、少なくとも日本社会は行っていないわけです。

物理的装備と、それを使う人間の意志の問題は分けて考える必要があります。法が意味を持つのは、後者の「意志」に対してです。法が威力を持つのは、違反をしたら罰を受ける、社会的信用を失って仕事もできなくなる、だから自分の利益を守るために法を守ろうという意志を人々が持つからです。民主主義国の政治リーダーであれば、法や人権・人道に反したら有権者に見限られるという怖さがあるので、リーダーはそれらを無視することはできない、といった意志です。これがないところでは、どれほど手厚い法律を作っても絵に描いた餅です。

同じく、どれだけ手厚い軍事的装備を買い揃えたところで、それを使う国家（為政者）に人間を守るという強い目的と意志がない限りは、そこに暮らす私たち人間にとっては、どうでもいいどころか、ないほうがいい危険なガラクタです。自衛隊の官舎が質素すぎて自衛官が気の毒だということであれば、そこを率直に言って改善のための予算を採ればいいと思います。

まずはそこを押さえたうえで、憲法の話をします。

●政策のリアリティを問う立法事実論と比例原則

憲法の思考方法は、常に理由や必要性を問い、しつこく問い詰める思考方法です。なんらかの人権が保障されているのに、なんらかの理由でこれを制約する場合とか、なんらかの統治ルールが定められているのに、そこに変則が入るというとき、正当な理由・やむを得ない理由があるかを問うわけです（実際の裁判では、この《憲法の問い》が甘すぎるという問題はありますが……）。

このとき、「これは国民を守るための政策なのだから、国民の権利と対立するなんてことはありえない」と考えるのは誤りです。過去に、国民のためにあるべき医療制度が、見識の不足により甚大な人権侵害行為になっていた例としてハンセン病医療がありました。そうしたことは、医療分野であれ安全保障分野であれ常に起こり得る、という覚悟は持っておかないとならないと思います。

安全保障に関しては、日本が軍事的活動を行うことにともなって平和的生存権、人格権などの権利が制約や圧迫を受けます。政府側からは「この法制度は国民の幸福追求権や生命、安全、財産を守るためのものだ」と説明されるとしても、他方に「基地の騒音や、軍用機が上空を飛ぶことの不安感のほうが実生活上の権利侵害となっている」と考える人がいるとき、その現実は認めなくてはならないことです。そして、これを国民に飲んでもらわねばならないのだとしたら、飲ませる側は漠然とした理由では認められず、《憲法の問い》をパスしなくてはならないはずなのです。

《憲法の問い》とは、それを必要とする現実はあるのか、それはやむを得ないほど必要なのか、と問うことです。「立法事実論」と呼ばれる思考方法です。その問いに答えられない政策であれば、元の原則に戻りなさいという発想をとります。今日の布施さんのお話もそうですが、軍事・防衛の専門家が、日本を巻き込む軍事的緊張は実際にあるのか、軍事的衝突の可能性は実際にあるのか、という検証や予測を日々発信しています。そうした議論は、憲法論からは、この「立法事実論」に位置づけられます。

ここで、もし仮に「なんらかの対処が必要だ」と言える事情が本当にあるとしても、「その事情とその目的のために、そこまでの手段が必要か」という次の問いが続きます。「いま危機だから」と言えば何でもできるわけではなく、その危機状態（事態）に応じた必要な限度にとどめよう、という思考方法がもともとあるわけです。この考え方を「比例原則」と言います。たとえば、「ここまでやらないと抑止の意味がない」という理由で日本が核兵器の保有・配備と行使に道を開いてしまったときに、そこまでのことが本当に必要なのかという議論を真剣に行わなければいけないのです。

この「比例原則」は、国内の人権とのバランシング（較量）の場面でも出てくる考え方ですが、国際法で紛争時・戦時にとるべき原則としても出てくる考え方です。後者の国際紛争の場面で「比例原則」が語られるときには、「それだけのコストをかけるような問題か」という軍事的なコストパフォーマンスの観点と、「そこに巻き込まれる人の権利や安全を、そのような形で危険にさらさなくてはならない事情があるのか」という人道の観点とがあります。法の問題として考えるときには、人道の観点から考えることになります。ここに「いたずらに軍拡競争を招く結果にならないか」という「問い」を組み合わせることも、いま切実に必要となっています。

●平和的生存権と人格権

こうした《憲法の問い》を考えるうえで大切なのが、「平和のうちに生存する権利」（以下

「平和的生存権」）を私たちが持っていることです。

憲法前文には「恐怖と欠乏から免かれ、平和のうちに生存する権利」と規定されています。この権利は、私たちが被害を受けないという自己利益の側面だけでなく、平和構築の責任を負う国の国民としての責任感を持って活動したり生活したりしている人にとっては、「加害者になりたくない」という「良心の権利」も含むものと考えられるようになってきました。

ただ日本の裁判では、平和的生存権は「具体的権利とはいえない」と切り落とされてしまう傾向があるのが現状です。しかしここに来て、「平和的生存権」が国会で復活した場面がありました。百歩譲って裁判では使えない権利と見たとしても、議会で国の価値態度を確認するための言葉としては生命力を持っている、ということが確認されたわけです。

２０２２年３月、日本の衆参両議院は、ロシアの軍事行動に対する非難決議を採択しました（衆議院３月１日、参議院３月２日）。その中で、参議院の決議文には「ウクライナ国民が有する戦争による恐怖と欠乏から免れ、平和のうちに生存する権利」という言葉が入っています。これは「法の支配」のレベルにある考え方として、国際社会で語るに値する言葉です。

自国民の安全を憂慮するというところに限定して「平和的生存権」を言うのであれば、国際社会では自国の国益を言っているだけということになります。これに対して、日本国憲法前文の含意を正しく咀嚼《そしゃく》し、自国もウクライナ国民も含めた「諸国民の権利」としてこれを述べることで、この声明が自己利益に終わらない普遍的な視点を持つものになっています。

平和的生存権は、そこに生きる国民・住民が訴えている危険性や恐怖、危機感を「権利」へと構成できることに意義があります。国際社会で起きているさまざまな軍事的危機については、日本政府に責任を問いようのないものが多くあります。しかし、みずから挑発して招いた危機であれば、責任を問われてしかるべきです。先に見たように、歯止めのない制度になっていることによって生じた危険増大は、政府の失策による危険増大ということになります。

●安保法制違憲訴訟

2015年の安保法制については、全国で安保法制違憲訴訟が提起され、現在も係争中です。2023年2月現在、それぞれ控訴審または上告の段階に入っています。国側は、すべての訴訟で「原告の訴えはすべて抽象的な不安感または意見に過ぎないため、裁判で審理するべきものではない」との主旨の応答をくりかえしています。

2015年以降の安保法制が現行の日本国憲法の規範内容と相いれないものであることは、多くの識者がさまざまな観点から論じていますが、現在の日本の違憲審査制度では、こうした憲法問題を直接に裁判で問うことは困難です。憲法判断は、なんらかの具体的事件を解決するための前提として必要である場合に限り行う、という非常に抑制的な姿勢を裁判所がとっているからです。そのため、裁判所にこの問題について判断を求めるにあたっては、①原告の訴えが裁判所による法的救済を要する権利侵害の訴えであること、②その侵害が国の違憲・違法な行為から生じていること、といった論証手順が必要となります。ここで①の権利侵害の訴えとして出されているのが、平和的生存権、憲法改正決定権、人格権の三つの権利です。

これまで出された判決を見ると、２０１９年４月22日に出された札幌地裁判決以降、国賠訴訟については請求棄却、差止訴訟については訴えが不適法であるとして却下するという門前払い判決が続いています。どの判決もほぼ共通して、憲法前文の平和的生存権および憲法改正決定権は具体的権利とは言えないこと、人格権の主張については提訴者の不安や恐怖は抽象的なものまたは意見・感情に過ぎず、法律上保護された利益が侵害されたとはいえないことを理由としています。ここを通過して憲法判断に踏み込んだ判決はまだありません。

そのようななかで、令和４年３月17日横浜地裁判決の末尾に、注目すべき説示がありました。以下、該当箇所の趣旨をまとめます。

（2015年以降の安保法制関連法二法）が違憲かどうかは、国の統治活動の基本にかかわる問題であり、それを検討することは、全国民の代表による立法機関である国会に期待されることなので、現時点で裁判所が積極的に憲法判断すべきということはできない。もっとも、「存立危機事態」として想定される事態の範囲など、法文の文言からは不明確な部分もあり、今後、そうした問題について国民の理解ないし共通認識が不十分なままというのは、望ましいこととはいえない。

現段階のうちに、関連法の内容について、行政府による説明や立法府による議論が尽くされ、憲法が採用する立憲民主主義と平和主義のもと、広く国民の理解を得て、国の安全保障に関する諸制度が、国の平和と国民の安全を守るために適切に機能する制度として整備されることが望まれる。

これは、憲法判断は行わないが、国会と内閣にメッセージだけは出したものと言えるでしょう。提訴者の権利主張を単純に筋違いとして払い落とすような判決が多い同種訴訟のなかで、この部分は注目すべきものだと思います。

しかし私は、この裁判は、こうしたメッセージでは足りず、憲法判断を出すことによって、本来なすべき議論を立法府に強く促すメッセージを出すというところに踏み切らなくてはならないと思います。今後判決を出す各裁判所、とくに最高裁に、この躊躇から一歩踏み出す判決を期待したいところです。

3　決定のあり方の憲法問題性

●議論の方向は……

今回の安保三文書に関する訴訟はまだありませんが、ここまで見てきたように、裁判所は安全保障をめぐる憲法問題に対しては憲法判断を避ける消極的姿勢をとっています。が、少なくとも、合憲判決によって現在の法制にお墨付きを与えることはせず、ただ「その問題は国会で議論してください」と言っています。

これについては、各領域の研究者やジャーナリストが情報と知恵を出しあい、検証しなければいけない問題だと思います。アメリカの有名なシンクタンクＣＳＩＳ（戦略国際問題研究所）が出した台湾有事のシミュレーションが大きな話題となっていますが、むしろ日本こそ、安保三文書のようなものを出すのであれば、これに関するシミュレーションをみずから実施し、その結果を国民に判断材料として提供すべきです。このような軍事的パワーを持つことの必要性と危険性について、そして「反撃能力」と「集団的自衛権」という二つの線が混ざってくる場面があるという懸念についても、私たちがどういうリスクを抱えることになるのか、それでもそのリスクを飲むべき現実的な事情があるならそれはどういうものか、しっかり説明すべきです。

仮に、こうした熟議による意思決定と民主的な統御を「できっこない夢物語」と冷笑するならば、「日本国民は『反撃能力』のような軍事的パワーを制御する《能力》はないので、身の丈に合わない危険な道具を持つことはやめましょう」と言うしかないことになります。そのことを含めて、議論の方向は大きく二つあると思います。

ひとつは、すでにここまでお話ししてきた議論の方向です。抑止力に期待する軍備増強がむしろ国際的な軍拡を招いてしまう危険性や、国民への説明として語られる各種の「危機」が真実なのかという問題など、検証が必要なさまざまな事柄があります。これらについて、ジャーナリストの方々が発信する知見を、先述のような憲法論（立法事実論や比例原則論）に組み込み、「どうしてもこれで行くしかないのならこれで行く、あるいは他にもっと攻撃性の少ない手段がとれるならそちらで行く」というインフォームド・コンセントに至るように議論を深める方向です。

もうひとつは、「これはたしかに、さらなる緊張関係とさらなる反撃（報復）を招く。だからそれをも超えるように、もっと強くならなければ」と軍拡の方向へ進んでいく議論です。望月さんが報告されたようないまの国会議員やメディアの論調を見ると、こちらへ向かいそうな気配もありますが、これはつまるところホッブズの論じた死への道行きです。

●憲法53条後段の臨時国会召集が守られない

こうした議論は、少し気を抜くと滞ってうやむやになっていってしまいます。いま日本の政治社会のいたるところで、民主主義を回していくための情報共有や議論が血行不良におちいってしまっているからです。

というのも、かなり以前から、主権者・議会をスルーしたまま憲法の実質の改変が進行してきていて、これが日本の民主主義と言論の自由に深刻な影を落としているからです。内閣や与党の一方的な解釈と、結論ありきの法案提出・可決によって、憲法改正手続きを通さずに憲法の規範内容の変更が起きてきたと言えます。

これは、どこかできちんとストップをかけなければいけない問題です。国会での議論の場が開かれない、裁判所が取り合わない、市井の言論では、本来の原則の確認をしようとすると「お花畑」と冷笑され、本来戻るべき地点がわからなくなってしまう……。安保三文書はまだ閣議決定段階であって、法律にはなっておらず、予算もこれから国会を通さないと決まらないものです。しかし、このような議論空洞化の状態のなかでこの閣議決定が出てきたことは、アンフェアな進め方との疑問が拭えません。

2022年には国会の憲法審査会も開催され、ある程度の議論は行われましたが、そこで安保三文書や集団的自衛権をめぐる憲法問題は議論されていません。これだけの文書を、臨時国会の閉会後数日で一から書き起こして完成させることなどまず無理でしょうから、臨時国会と並行して作成されていたと考えるしかないと思います。

臨時国会（憲法上の正式な言い方は「臨時会」）について、憲法53条前段では、内閣のほうから国会を召集したいときに召集「できる」とするのですが、同じ53条の後段では「いづれかの議院の総議員の四分の一以上の要求があれば、内閣は、その召集を決定しなければならない」とあり、内閣はこの要求を受けたときには臨時国会を開かなければなりません。しかし2017年、安倍内閣は議員による召集の要求を90日以上無視したのち、形ばかり召集して冒頭解散してしまいました。要求をした議員たちが要望していた議事はまったく行われませんでした。これは、内閣の義務を定めた明文規定を、国民の意思決定を経ずに空文化するものでした。勝手に内閣の裁量を作り出して、義務の部分をこの裁量にすり替える書き換えをしたと言うこともできます。これは実質的な憲法の改変です。この問題を深刻ととらえた（元）議員が、東京、岡山、那覇の三つの地方でこれを憲法違反に問う裁判を起こし、現在、最高裁判決を待っているところです。

こうした臨時国会召集要求無視の問題も、今回の安保三文書問題とつながっています。国会議員が臨時国会を要求しても開かれず無視されるという傾向は、２０１５年、先にお話しした安保法制ができあがった直後から毎年続いているのです。当時、強行採決としか言いようのない乱闘状態で決まったことにされた安保関連法について、打ち切られた議論をきちんとしようと望んだ議員たちが臨時国会召集の要求を出しましたが、安倍内閣はこれにまったく応えませんでした。日本国の議会政治は、この安保政策をどうしても通すために、議会制民主主義を決定的に崩すという代償を払ってしまっているのです。

今回の安保三文書における軍備増強では、沖縄をはじめ南西諸島の離島の島民が大変危険な状態に置かれるという問題が、ようやく社会で意識されはじめています。しかし、地方の声がきちんと取り上げられているとはまだ言えません。

憲法95条は、ある特定の地方公共団体だけに適用される法律（特別法）を制定するときには「法律の定めるところにより、その地方公共団体の住民の投票においてその過半数の同意」を得なければならない、と定めています。ここでいう「法律」は、国会法（67条）と地方自治法（261・262条）です。この特別法制定と住民投票は1950年代以降行われていません。現在さまざまな地方自治体で行われている「住民投票」は、各自治体が条例で定めたものです。沖縄の基地負担について、この「住民投票」が数回行われてはいますが、その結果が誠実に斟《しん》酌《しゃく》されているとはとても言えない状態です。それより強力な憲法95条の扱いにすることもできるはずですが、たとえば沖縄の軍用基地用の土地利用について定めた駐留軍用地特措法（97年改正）などを見ると、法文の表面は「沖縄」となっていないので、憲法95条の手続きを経なくても違憲ではない、と言われています。しかし事実上、憲法95条が言わんとするところを封じている、あるいはかわしているわけで、皮相的な「合法」思考におちいっているな、とは思います。

本来なら、主権者である国民の議論として「おのおの方、本当にこれでよろしいか」という意思表示確認をしなければいけないところ、そこが置き去りになっているのが現状です。そのため、前記の安保法制違憲訴訟では「憲法改正決定権」という新しい権利も主張されました。主権者として、憲法改正が行われるときには諾否を意思表示してその決定に関与する権利が憲法96条に定められているので、この手続きをスルーした状態で実質の憲法改変が行われることを拒否する権利、といった内容です。

こうしたことは、①国政選挙や国会審議で、②地方自治体と政府のあいだで、③裁判の場で、④一般市民が公民館などの「公の施設」で、大いに議論すべきものです。もちろん、⑤メディアの報道もこれらについて知らせ、支えるものです。しかし、社会全体がこうした議論をしにくい状況におちいっていることが、きわめて問題です。

要人の発言やメディアの発信が言論空間における発言力・影響力に傾斜を加えてしまい、多様な視角からの議論を封じる「空気」を醸成しやすくなっていることについても私たちは十分にウォッチしておく必要がありますし、各人の判断と方法でこの「空気」を相対化し、政治参加していくことも必要でしょう。それは本来、憲法が期待している主権者・有権者のあり方です。

何かの政策が決まるときにはかならず、どちらが優先課題か天秤にかけて重さ比べをする《較量》をしたり、要望を出しあい配分を決めていく《綱引き》をしたりします。これは当然に出てくるリアルです。しかし、そのとき単純に権勢や人気という意味での「声の大きい者」が勝つというのではなく、重みや引力をもたせるべき要素、少なくともゼロにしてはいけない要素を憲法が示しています。とくに13条の「生命」、25条の「健康で文化的な（最低限度の）生活」、そして前文の「恐怖と欠乏から免かれ平和のうちに生存する権利」は、最大限の重みをもって扱うべきだからこそ、憲法に明文規定があるわけです。これらは人間の権利、「人間の安全保障」の側に位置する権利です。

安保三文書を決定した政府はもちろん、こう言うでしょう。「それらを重んじるからこそ、この政策をとるのだ」と。主権者であり民主主義の担い手である国民や住民は、そこを本当にそうなのかと問い、議論していく資格と責任があるわけです。

私たちはいま、交錯する多数の発言のなかで、今後の議論にとって意味のある発言と、アテンション（注目）獲得だけを目的とした発言などを選り分けていかなくてはなりません。「表現の自由」という言葉には、その選り分け作業を私たち一般市民とメディアがみずから引き受ける、という含意があるからです。

4　何のための予算か――財政民主主義が忘れられていないか

●財政民主主義

最後の視点は、財政民主主義です。先に見た国会抜きの意思決定の問題に加えて、とくに財政について民主主義のプロセスを守る必要があることが忘れられていないか、という問題です。この視点は今回、防衛費がGDP比２％まで増大されるということで、人々の意識に急浮上しました。これは、２０２２年９月の安倍晋三元首相の「国葬（儀）」が、国会での事前討議なしに決行されたときにも問題となりました。これも、先の臨時国会スルー問題の一場面です。これらの流れから見て、現在の政府はこの財政民主主義という重要原則に無関心だと言えるでしょう。

憲法のルールとしては、内閣は、国会の議決よりも先に条約などの外交事項を決定することができます。ただし国会の事後承認は必要とされます。ですから、今回の安保三文書の閣議決定は「国会の予算委員会でしっかり揉んで、よき落としどころ――国の見識として正当かつ現実的な落としどころ――に落ち着かせてほしい。そのための希望値をとりあえず出してみた」という意味で出てきているのならば、手続き面で憲法上の問題はないということになります。しかし報道される岸田首相の言葉を見る限りは、「この線で、結論ありきで行きますので、よろしく」と言っているようにしか思えず、内閣府の内部で落としどころを探る算段はいろいろあるにしても、国会の予算委員会で、実のある討議と綱引きが行われるのかどうかは疑問です。

今回の安保三文書のように、国民の福利に影響する財政規模で、またその実現内容が憲法の規範内容と折り合わず、無理にそのまま通せば憲法の実質的な改変になるという場合、とくに国会での緻密な議論が欠かせません。財政民主主義を死文化させるような〝数の論理〟による抑え込みは決して行うべきでないものです。今年の国会の全体を、私たち主権者が真剣にウォッチしていかなければなりません。

●議論の矮小化?

仮に現在の政府が思い描く防衛構想が、それ自体として正しく、国民の公共の福祉に合致するものであったとして、それでもその理想を追求しようとして財政バランスを見失えば、国民生活の重要な部分を圧迫し、社会一般を疲弊させてしまいます。そういう状況では、私たちは現実とのバランスをとらなければなりません。「安全」や「危機」という言葉の前に、私たちの日常生活を成り立たせるための現実が置き去りにされてしまってはいけないのです。たとえば、かつて旧ソ連も財政破綻状態におちいりましたが、軍備増強に偏りすぎたことが大きく影響しています。

この問題は、医療保険、とくに掛け捨ての高度医療保険にいくら掛け金を払えるかという問題と似ています。リスクには万全の備えを、という理想はわかるにしても、家計の苦しい家庭であれば身の丈に合う限度を現実的に考えなくてはならない。さらに、このとき信託する掛け金が、万が一にも自分たちの生命・安全を守るという本来の目的とは関係のない動機から、関係のないことに使われて消尽されてはならないはずで、そこは国民が常に見ていなくてはならないことです。実は、２０１５年安保の前あたりからここに深刻な問題が生じていることを、布施さんや望月さん、元東京新聞の半田滋さんといったジャーナリストが追及しておられます。防衛省の「装備品」の購入が、本来の目的・必要性とは離れた動機から、無軌道な「爆買い」に走ってしまっている、という問題です。

このように、税金の担い手である国民と政府とが、どこかで現実的妥協をする必要があり、その妥協点を探る熟議が財政民主主義です。この関心については、「安全保障の問題が予算・財源の議論へと矮小化されている」という言い方もされているようですが、そこで言われる「予算の問題」と、市民が「待った」をかけようとしている「財政の問題」は別物のようです。いくつかの評論を見ていると、政局目線での財政のリアルというのは省庁ごとの予算獲得競争のことのようです。たしかに、問題の焦点をここに持っていくのは議論の矮小化であると私も思います。と同時に、それが現実なのであれば、そこを読み解いて、絡まりをほどいて、議論を本来見るべき現実へと置きなおさなくてはなりません。生活の現場から上がってくる疑問の声を「議論の矮小化」と呼ぶ論調が仮にあるとしたら、それは現実世界を生きる生身の人間に対して、あまりにも失礼です。

●言論空間とのリンク

どのような政策にも財源は必要で、そこには予算の綱引き、天秤較量というものがあります。しかしこのとき、単なる省庁どうし、部署どうしの予算の取りあいのために、極端なニーズ、極端な「危機」を言いあっているということはないでしょうか。

たとえば最近、政府の安全保障政策の一環として、世論操作に関する研究があることが話題になりました。世論を誘導するために、インフルエンサーに誘導的な情報を与えることをテーマとした研究が行われつつあるとの報道で、これが外国からそうした操作を受けたときの防御のための研究にとどまらず、自国民を操作するという関心のもとに行われているのであれば深刻な問題です（中日新聞２０２１年９月17日記事参照）。これ自体、きちんと見ていかなくてはならない問題ではありますが、一説にはこれは省庁の予算取り合戦のなかで盛られた話から始まっている、との見方もあります（朝日新聞デジタル２０２１年９月17日記事参照）。

省庁の予算取り合戦は、当事者にとっては重大事でも、国民の本物の生命・生存の問題と比べれば、手柄を競うゲームにすぎないものでしょう。それを、そちらが現実で、市民の危惧のほうが的外れな空想だとして笑いごとにしようとする描き方は、まさに問題を矮小化することになってしまい危険な傾向です。なぜなら、金はメッセージとなるからです。

岸田首相はこの「金のメッセージ」によって、アメリカの大統領から喜ばれたようです。しかし、台湾有事の可能性が本当に存在するかどうかは措くとしても、そのように「友」と「敵」を色分けする文脈があるなかで、片方の陣営を喜ばせることは、緊張関係に立つ可能性がある別の国に対しては、危険な敵対メッセージとなってしまう可能性が濃厚です。財政上、世界第３位の軍事費をもつ国になるのであれば、そこに気を遣うことができなくてはならないというお話は、三牧さんはじめこれまでの報告で指摘されてきた通りです。

先に、装備・テクノロジーと人間の意志とを分けてそれぞれに考える必要についてお話ししました。安全保障を預かり、友と敵を認定する決断をするのは、意志と欲望をもった人間です。その生身の人間に「こいつは敵認定していいんだな！」という確信を与えてしまうこと、また、周囲の国際社会にそう思われても仕方のない活動や財政措置を行うことは、日本に暮らす国民・住民にとっての危険を増大させる結果にならないでしょうか。

この危険はリアルなものですが、リアルであるにもかかわらず、いまの内閣はそのことに無関心なようです。関心があるのは、予算の要請や陳情を処理・調整し、政局をうまく差配することなのでしょう。だから、この分野での政府要人の発言が、時にあまりにも軽率なものとなってしまうのでしょう。

政府要人の「個人として」の発言は、法的には自由ではありますが、国際社会からは実質的に公共的意味を帯びるものとして受け取られる可能性があり、2021年の5月には当時の防衛副大臣のツイートが海外で問題視された例があります。いま、安保政策の必要性が説かれる際に言われる軍事的緊張が本当なのだとしたら、その緊張下で、こうしたことに無頓着な公人発言が多いことには憂慮を感じずにいられません。

おわりに――安全保障こそインフォームド・コンセントが必要

以上、四つの視点から安保三文書の憲法問題性を見てきましたが、共通しているのは、国民・住民・地方自治体の意思を問わずに、憲法の明文規定を空文化・死文化させる方向へ進んでしまっていることです。その流れのなかで、立憲主義国とも民主主義国とも言えない状況が正面から肯定されたのが今回の閣議決定だったと言えます。表面上・形式上は合法ではあるけれども、その規範の本来の意味、その規範を支えている本来の思考が抜け落ちてしまっているのです。

立憲主義や民主主義は、放っておけばどうしても劣化するものです。もともと、人間の利益追求の欲望よりも《人間の生命と尊厳を守れ》という規範を優位に置くこと、力による略奪を禁じることは、「お花畑」であることを百も承知でそうしているのだと言えます。こうした規範は劣化させる力が常に働いているものです。

起きてはいけなかった何かがあって、それを二度と起こさないために、ある規範が立てられる。しかしそれは、規範を立てたことによって自動的に守られるものではないので、その規範を理解しない人々によって何度も何度も破られ、そのたびに激しい議論が起き、更新されていく。それは日本だけに特有のことではありません。たとえばアメリカの奴隷制廃止と人種平等もそうした歴史に根差しています。

規範と現実社会が一致していない、乖離《かいり》しているということは、私たちが常に直視していかなければならない現実です。残念ながら世界には、まだまだ戦争や武力紛争が起きる危険が多々あり、日本は他のすべての国々と同じく、デリケートな火種をたくさん抱えたこの世界の中に存在しています。だからこそ、このデリケートな世界の中で、自国がその火種となったり導火線となったりすることのないように、注意深くわたりあっていかなくてはならない。その課題を直視することのほうにこそ「リアリズム」がある、というお話は、これまでのみなさんからの報告の通りです。現実と規範の乖離を認識することは、規範を否定する理由にはなりません。規範と現実は常に乖離しようとします。乖離しようとする規範と現実に対して、主権者は関心を寄せ続けることが必要です。

憲法は、「劣化方向にズルズル流れてはいけない、こちらに戻ってください」というふうに、下に流れる方向に歯止めをかけ、公正な仕事をする方向へ引っ張り上げるためのルールをたくさん設けているわけですが、このルールが次々に死文化のコースに乗せられようとしています。その部分を私たちはきちんと見つめて、生き返らせなければいけないと思います。生き返らせるというのは、憲法条文だけでなく、公権力担当者の仕事もです。公権力を悪と見て「通せんぼ」をする防波堤のイメージだけで憲法をとらえるのは一面的にすぎます。公権力にはやってもらうべき仕事がたくさんあります。むしろ現代の立憲主義は、河の水をあるべき方向に流す護岸壁や腐敗を防ぐための防腐剤、そうしたイメージで理解してほしい。安全保障分野でも、外交努力や国際人権実現への協力など、やるべきことについては憲法を言い訳にせず、常に全力投球で身を投じてほしいのです。

それらを生き返らせたうえで、たとえば「憲法９条の理想は将来の理想としていったん措いて、もう少し別の過渡期的なルールを採用しよう」ということを国民が真剣に話しあって合意するならば、憲法96条による憲法改正も認められます。憲法を改正するには、統治者（国）は、国民のための安全保障とは何なのかを私たち国民が熟議する機会を提供するため、情報提供・状況開示、熟議の機会の確保、国会での討議とその公開を保障しなければなりません。しかし、こうしたインフォームド・コンセントが、いまの日本社会にはできていないことを、私たちは直視する必要があります。

同時に、私たち自身が熟議への心構えをもっておくことも必要です。もし仮に、熟議の場が開かれたけれど国民が誰も乗ってこないとなると、筆者がここで論じてきたことも無駄なことになってしまうでしょう。国民はそのような複雑で重い問題について自分で考え判断するよりも「お任せコース」にしておきたいのだ、と為政者が言える状態を私たちがつくってしまうと、熟議を閉ざす方向に正当化の理由を与えてしまいます。現実には、そういう空気のまま憲法改正手続きが行われる可能性もあります。主権者のほうも熟議の努力、あるべき憲法について考える努力をしていかなければなりません。最大の敵は、無力感と無関心です。

最後は主権者である国民や住民が、情報を求め、直視し、議論をするエネルギーを持たなくてはならないのです。これが憲法12条が私たちに求めている「不断の努力」なのだと思います。

第5章

個人なき安全保障の隘路から、ケアする政治への転換

岡野八代
同志社大学グローバル・スタディーズ研究科教授

はじめに——憲法なき政治は政治なのだろうか？

２０２０年の春から本格的な猛威をふるった新型コロナウイルスのパンデミックが3年目に突入しようとする２０２２年末、今後5年間をかけての防衛費倍増、敵基地攻撃能力の保有、トマホークをはじめとした攻撃能力の高い武器の「爆買い」宣言など、軍事大国化にひた走るような岸田政権が示した意欲は、心身ともに疲れた市民たちに大きな衝撃を与えたに違いありません。国際法を無視したロシアによるウクライナへの侵略戦争による国際秩序の混乱、そして経済的にも軍事的にも大国化した中国に対抗する防衛力の強化がその理由とされました。

こうした防衛力の強化が「日米同盟の抑止力・対処力を一層強化する」（国家防衛戦略）と政府は主張するのですが、ここでいま一度、憲法9条をあらためて読んでみましょう。解釈改憲などを経てその規範力が弱体化されているとはいえ、9条の条文は、いかに「抑止力」の強化が戦争の道を準備するかをはっきりと示しているといえるからです。

第一項　日本国民は、正義と秩序を基調とする国際平和を誠実に希求し、国権の発動たる戦争と、武力による威嚇又は武力の行使は、国際紛争を解決する手段としては、永久にこれを放棄する。

第二項　前項の目的を達するため、陸海空軍その他の戦力は、これを保持しない。国の交戦権は、これを認めない。

（強調は引用者）

攻撃を受けないための「抑止力」とは、そもそも武力による脅しにほかなりません。抑止力については、安全保障のジレンマと呼ばれる、際限のない軍拡競争を招いたり、むしろ相手にさらなる不安を抱かせ攻撃を誘発したりするといった矛盾が指摘されています。

さらに日本の政治にとって深刻なのは、２０１５年の安保法制による集団的自衛権の行使容認という解釈改憲を経て、今回政府から提示された軍拡宣言は、右記９条をなきものにする実力行使だということです。そのことは、９条だけにとどまらず、憲法のもとに政治を行うという政治の根本原理を日本政府は踏みにじったことを意味します。憲法を無視する政権は、憲法の制約のもとで政治を行えと命じる立憲主義を手放したという点で、もはや市民のための政治をしていない、いや、現在の日本政治は政治と呼ぶに値しない、力の押しつけを始めたのではないでしょうか。

わたしは、第二次安倍政権が誕生した２０１２年12月以降、故安倍晋三氏がその政治生命をかけて取り組んできた憲法改正――わたしはむしろ、正確には憲法「破壊」だと考えていますが――に対して、生活基盤のある京都市を中心に反対運動に参加してきました。この10年を振り返ると、「戦後安全保障の大転換」とも呼ばれている２０２２年12月の安保三文書の閣議決定は、わたしにとってはむしろ「戦後民主主義の転覆」、すなわち、やはり安倍氏が掲げ続けていた「戦後レジームからの脱却」を成し遂げようとするものだと考えています。

なぜ安保三文書によって戦後民主主義が転覆されたと考えるのか、それはいったいどのような政治、あるいは政治とはもはや言えないような力の行使なのか。本章ではこの問いについて考えるために、以下三点に絞って考えていきたいと思います。

第一に、憲法とは何か、政治は憲法に従って遂行されるべきだと考える立憲主義とは何かを、民主主義との関係のなかで考えます。その後、安全保障という考え方と民主主義が両立不可能とも思えるほどの緊張関係にあることを、現在のわたしたちもそこから逃れられず生きている、近代国家が発展してきた歴史とともに概観します。最後に、では、戦後民主主義の終焉ともいえるほどの状況にあるわたしたちは、ただ座して戦争をする（気満々の）国づくりに加担させられていくだけでいいのか、そうでないとすれば、いったいどこに、戦争をする国ではなく市民一人ひとりの生命、自由、そして何より尊厳を尊重する政治への転換点を見出せばよいのかにふれてみたいと思います。

1　立憲主義と民主主義

●立憲主義と人の支配——個人の自由の大切さ

わたしはかつて法学部に勤めており、その当時は毎年、西洋政治思想史という講義を担当していました。その際、イギリスにおいて近代立憲主義の思想を確立したジョン・ロック（1632—1704）の思想をかならず紹介していたのですが、当時のわたしは、熱意をもってロックの思想を教えていたとはとても言えませんでした。

ひとつの理由は、ロックの思想は、人間は強制法がなくとも自然法のルールをそこそこ守ると考えられていたり、私的所有権の根拠について論じていたりと、とても穏健で、フェミニズム思想に関心があったわたしからすると、むしろ保守的に思えたからです。ところが、２０

12年4月27日に、当時は野党であった自由民主党が改憲草案を発表して以来、がぜんロックの思想がわたしには響くようになりました。

ロックは、個人の自由、とりわけ思想・良心の自由を重んじた自由主義者でした。かれは、法律の目的は真理を教えたり意見の正しさを守ることではなく、この世界の平和と各個人の身体・生命、自由、財産——これらをまとめてかれは「所有権」と呼びました——を守ることに限定されていると論じます。

もし真理が強制力をもって教え込まれるとすれば、それはもはや真理ではなくなります。かれは、諸個人がもつ良心、そして思想の自由については政治はかかわるべきでないとし、したがって、為政者が市民の良心に反することを命令するならば、市民はそれを行わない、つまり抵抗する権利があると論じています。当時、少数の権力者が多数者の自由や財産、そして生命をも奪っていた時代状況を反映して、かれの思想は、いかに君主や行政官といった政治権力者の力を制限するか、権力の行使が許されるとすればそれはどこまでなのか、そしていかにすれば、諸個人の自由の範囲をできるだけ広げることができるのか、といった問題を中心に展開します。

一人ひとりの福祉——くりかえしになりますが、身体・生命、自由、財産——をよりよく守ることを目的にした法のもとに、君主をはじめとする権力者を含む、あらゆる人が従うしくみを、かれは立憲主義の中に見出しました。ロックにとって、すべての者が守るべき法律、すなわち強制法は、個人の自由を拘束するものではなく、むしろ、危険な池のまわりを囲んだ柵のように、社会の中でひとが他者と共生する際に生まれがちな衝突を避けたり、解決したりすることによって、社会の中で生きざるを得ない人びとがより多くの自由を確保するための手段です。

それまで穏健なリベラリストのように感じていたロックが、絶対君主制を厳しく批判する闘士としてわたしに再来するのは、先述したように自民党の改憲草案を読んで以降です。ロックにとって法律の目的はあらゆる人の所有権を守ることであり、かつ、その法律はあらゆる人が遵守しなければなりません。こうした法の支配の原理からすると、絶対王政は、君主の意志がそのまま法律となるために、君主はその法律に従う必要がありません。なぜなら、既存の法律が君主にとって都合が悪くなれば、いつでも君主はその法律を変更することができるからです。したがってロックは絶対王政、つまり「人の支配」に対しては猛烈な批判を加えています。ここでは、実際にロックがどういう理屈で人の支配を批判しているのか、かれの言葉で見てみましょう。

> 私の同意を得ないで私を自分の権力のもとに置こうとする者は、私をつかまえたとき勝手気ままに私を扱い、その気になれば、私を殺すことも辞さぬであろうと推断するのは、理由のあることだからである。というのは、だれかが私を自分の絶対的な権力のもとに置こうという気になるのは、力ずくで無理やりに私を私の自由の権利に反するようなものに、すなわち、奴隷にしようとするためにほかならないからである。[1]

ロックにとって、ひとが他者の恣意から自由であることは、そのひとの生存にもかかわるもっとも重要な権利でした。そしてかれは、生存保障にかかわる自由をひとから奪おうとする者は、そのひとの生存を脅かす者である限り、戦争をしかけていることと同じだとさえ言います。[2]市民にとって生存が脅かされる状態は、すなわち戦争状態にほかならず、市民は奴隷状態にあるというのが、ロックによる人の支配批判の根幹にあります。

ロックは17世紀イギリスに生きた哲学者であり、その思想が現代の国際社会の中での日本の政治状況にどれほど適切なのかと疑問を抱かれるひともいるかもしれません。しかしながら、16世紀に西欧キリスト教社会を襲った宗教戦争という残虐な歴史から生み出された立憲主義の思想と、20世紀の二つの世界大戦を経た、とりわけ帝国主義や植民地主義によって人類史上最大の被害を生んだ後に誕生する日本国憲法には、誰かの恣意や死の恐怖のもとで個人の自由を脅かしてはならないという、共通の問題関心が存在していることは確かでしょう。さらに両者の共通項として、わたしたち市民と戦争状態に入るのは、敵国からの攻撃ではなく、むしろ自国の権力者たちであるという点は、次節でふれるチャールズ・ティリーが国家建設の動因のひとつとしてみた「脅し」の力を考えると、再度わたしたち市民にとって政治とは何かをより深く考えさせてくれるはずです。

（1）ジョン・ロック『統治二論』宮川透訳、中央クラシックス、２００７年、22頁（第3章17節）。強調は引用者。
（2）「他人を自分の絶対的な権力のもとに置こうと企てる者は、そうすることで、その相手と戦争の状態に入ったことになる」（同右）。

●法の支配と民主主義との関係について

ところで、個人の自由を、誰も侵害し得ない／何人も侵害され得ない価値として国家の基本的な構成要素に据えて憲法として提示し、そのもとで政治を行えという立憲主義と民主主義は、日本国憲法の改正問題が論じられる際、両者のあいだに深刻な軋轢が存在することが指摘されることがありました。換言するならば、前者は個人の自由を尊重するリベラリズムであるが、後者の民主主義は集合的な意志決定を尊重するのだから、日本国民が憲法改定を望むならば、たとえば少数者の自由が侵害されるような改定であっても尊重されるべきだという議論でした。

ただ、こうした議論には幾重にも注意が必要です。まず、この間議論され続けてきた憲法改正は、市民のたっての望みというよりも、1955年の結党以来の自由民主党の使命であり、結党50周年であった2005年の小泉純一郎政権時代も、そして、2012年以降に96条先行改憲を唱えた安倍政権から現在まで、常に与党政治家たちがその議論を先導してきました。さらに、民主主義も、その原点に立ち返ってみるならば、やはりいかに市民がみずから同意した法のもとで平等に自由に生きるかといった課題とともに発展してきたことがわかります。

私的所有権を労働価値説――自分の手による成果物はそのひとの所有物となる――によって根拠づけたロックに対して、1世紀後のフランスで、やはり絶対王政時代を生きたジャン＝ジャック・ルソーは、『人間不平等起原論』の中で、当時の法律がいかに社会的弱者には重い足かせをはめ、富者にはいっそうの富と権力を与えているかについて、これでもかという具合に徹底して批判した哲学者です。私有財産はそもそも簒奪に始まり、それを永久に固定したのが法律だと厳しく非難しました。かれの目には、ひと握りの権力者の下に全人類が労働と隷属と貧困のなかで屈服させられていたのです。ですから、近代民主主義を確立し、フランス革命を思想的に準備したとも言われるルソーにとっても、個人の自由こそが課題でした。

次のルソーの言葉を前述のロックと比べてみると、穏健なロックに比して革命的で情熱的なルソーといった違いや、思想的な背景も内容も異なることを念頭においてもなお、両者のなかに息づく自由への渇望のようなものが見えてくると思います。ルソーの主著のひとつである『社会契約論』の一節です。

各構成員の身体と財産を、共同の力すべてをあげて守り保護するような、結合の一形式を見出すこと。そうしてそれによって各人が、すべての人々と結びつきながら、しかも自分自身にしか服従せず、以前と同じように自由であること。これこそが根本的な問題であり、社会契約がこれに解決を与える。(3)

現在では民主主義というと、多数決に結びつけられ少数者の権利を侵害する危険があるとか、個人の自由よりも平等を重んじると考えられがちですが、民主主義もまた、他者の決めた法律に服従するのではない、自分自身が決めた法律にのみ従うための制度のひとつです。近代民主主義の出発点にあった問題関心とは、生まれながらにして自由で平等であるはずの市民が、どうしたら強制法のもとでなお自由で平等であることが可能なのかといった点にありました。そのために、法律にかかわるすべての人に、その法律を決める権利を与えよう、つまり直接的であれ間接的であれ、市民一人ひとりの意見が法律に反映できるような制度設計をする、それが民主主義です。

日本国憲法で定められている「国民主権」の原則は、現在の日本社会の現状では、在日外国人を排除するために言及されることが少なくない残念な状態ですが、そもそもは日本国憲法の中でも立憲主義の要である13条にも通じる、個人の自由を中心とする政治に主眼がおかれていたはずです。13条は次のように、法律をつくったり政治を行ったりする際に、何を最大限尊重するべきかを定めています。

第13条　すべて国民は、個人として尊重される。生命、自由及び幸福追求に対する国民の権利については、公共の福祉に反しない限り、立法その他の国政の上で、最大の尊重を必要とする。

民主主義は、個人としてのわたしたち市民の自由が、強制法のもとでも最大限尊重されるためには、市民こそが立法者としてみずからの意見を述べ、あるいは立法府すなわち国家へ代表者を送るといった、自分たち自身で法律を決めるための手続きを重視します。法の支配を唱える立憲主義が法律学でよく論じられるのに対して、民主主義が政治学の一大テーマであるのは、自分たちで法律を決めるという際の、この「自分たち」とは誰なのか、決める際の権力関係や一人ひとりの声の出し方、あるいは代表者が本当に市民の声を代表しているかといった、決定をめぐる人びとの動きについての分析や検討が必要となるからです。

こうして考えると、民主主義の核心には、自分たちで自分たちの法律をつくるといった自治の精神が宿っていて、そうした形態が（最善ではないにしろ）良い政治の形とされるのは、そうした政治形態の中でこそ、諸個人の自由を守るという法律が発見される、つまり立憲主義が政治の目的と考える、不可侵の個人の自由が守られるからだということが理解できます。

すると、立憲主義と民主主義の核心にある「自由」が、憲法を無視し、民主主義的な手続きを踏みにじる政治によって、二重の意味でなきものとされようとしているのが現在の政治状況であることが、より鮮明にわかってきます。つまり、まさにかつてロックが厳しく「人の支配」を批判したように、現在の政府はわたしたち市民を「奴隷にしようとしている」、もっと言えば、わたしたちはいま政権との戦争状態にあるのではないでしょうか。

自国の政府が市民と戦争状態にある、とは奇異に聞こえるかもしれません。しかし以下の第2節で、近代国民国家を誕生させた西欧世界の歴史を振り返り、戦争遂行と国家の誕生・発展が密接につながっていたことを確認することで、現状の深刻さがよりはっきりするはずです。

（3）ルソー『社会契約論』岩波文庫、1954年、29頁。強調は引用者。

2　戦争と国家を結ぶ「脅しの政治」

●国家建設と「脅しの政治」

前節で立憲主義の原点に立ち返るなかで、17世紀のイギリスと、日本国憲法が誕生したきっかけとなった帝国主義や植民地主義の歴史をめぐって、現在の国際情勢からすると一見奇妙な共通点にふれました。すなわち、市民の生存を脅かすことで自由を奪い、市民と戦争状態に入るのは、その市民たちが属する国家の権力者たちだということです。前節では敗戦までの日本の歴史については詳しくふれませんでしたが、わたしたち市民がどれほど戦前、自由を奪われ、国家のために命を惜しまないことを強いられ、権力者の命令ひとつで生命を絶たれるような生活をしていたのかをよく知っているはずです。だからこそ、日本国憲法の99条は、権力者たち──天皇、総理大臣はじめその他の大臣、国会議員や公務員──に憲法を遵守する義務があることを規定しているのです。

17世紀の場合に限れば、かつては国家間紛争ではなく、むしろ一定の領土内で複数の領主たちが支配権をめぐって争った内戦が戦争の主要な形だったからとも言えますが、安全保障という概念との関係において、「脅しの政治」といった視点で国家の歴史をみると、もう少し違った見方もできます。ここでは、戦争がいかにして国家を誕生させ、翻って国家は戦争をみずからの発展のために利用してきたかという壮大な歴史を描く社会学者チャールズ・ティリー（1929―2008）の議論を紹介します。

ティリーの主著のひとつに『強制、資本、ヨーロッパ諸国』[4]があります。約３８００年前の都市国家バビロンの王ハムラビの記述から始まる本書は、戦争を中心に国家がその形態を変えながら、どのように現在の国民国家へと発展してきたかを描く大著です。

10世紀末から国家の形態は帝国、連邦、そして17世紀からは国民国家が並存しながら展開しますが、19世紀末には官僚制を整え、その後、帝国や連邦といった国家体制に比べて中央集権的であった国民国家が世界システムを構築するようになります。国民国家は軍事、税金を含めた徴収、市民生活を管理統制する行政という実質的な運営において、もっとも能力の高い国家体制であったために、現在の日本を含む多くの国で力を誇示しているのです。

19世紀以降、あらゆる欧州の国家は、社会的インフラ整備、国家内の住民の福祉にかかわるサーヴィスの提供、経済活動の規制、そして人口統制など、市民に福祉を提供しはじめます。しかしティリーの冷徹な目によれば、国家のあらゆる活動は何よりも、臣民、すなわち主権者たる権力者に従う者としての国民から、歳入と従属を勝ち取るための権力者たちの努力の副産物にすぎず、決して住民の福祉が目的とは考えられませんでした。こうしてヨーロッパ諸国では、19世紀には国民国家が強制力と資本を束ねながら発展し、他の国家形態を凌駕していくのですが、ティリーによればそれは、欧州内の諸国の競合のなかで、国民国家という形態がもっとも戦争を遂行するのに有効だと判断されたからなのです。

現在でこそ、欧州といえば人権先進国の集団のように考えられますが、16世紀以降のヨーロッパにおける戦争に関する研究によれば、当時世界の強国のほとんどを占めていたヨーロッパ諸国は絶えず戦争をくりかえしてきました。すなわちヨーロッパ諸国の支配者たちは、戦争準備、そのための資金繰り、そして戦後復興に専心してきたといってよいとさえティリーは断言します。さらに遡って10世紀以降を振り返るならば、まさに20世紀に至るまでの千年のあいだ「戦争はヨーロッパ諸国の支配的な活動であり続けた」ともいえるのです[5]。

ティリーによる戦争を中心にみるヨーロッパ諸国の歴史は、国家の存在を前提にしたような現在の政治のあり方に反省を迫ります。さらに、かれの分析は、立憲主義や民主主義に基づいた政治を実現させるためには、戦争をめぐる権力者／政治家／資本家たちの言動に市民であるわたしたちがよほどの注意を払わなくてはいけないことを気づかせてくれます。

ティリーによる国家の歴史によれば、戦争遂行によって中央集権的な国家が発展し、そしてその国家はまた戦争に乗り出すことによって国内的な統制を強め、税金を徴収し、福祉サーヴィスを整えるなかで、多様な市民から国民を確定し、国民の国家への忠誠心を高めてきました。しかしティリーは、こうした国家の支配者たちは「ゆすり屋に似ている」と言います。

ここで、ティリーの大著の原点となった有名な論文から、長くなりますが、国民国家が西欧に創設されはじめる際の記述を引用します。ティリーは社会学者ですが、わたしの専門とする政治学のひとつの存在意義は、権力（者）がいかに腐敗するかを忘れないことだけでなく、権力者たちの甘言を、過去の歴史を紐解《ひもと》きながら、注意深く読み解くことにもあります。その意味で、ティリーの分析は、政治学にとっても常に心にとめておくべき分析だとわたしは考えています。

以下の記述は、国民国家成立以前の封建時代、各地域に封建領主が競合しているなかで、いかに有力な領主が他の領主に抜け駆けて人びとを掌握し、近代国家を設立していくかのようすを表しています。

特定の政府や一般的に政府を擁護する者たちは、まさに次のように論じる点で共通している。つまり政府は、国内の、そして外国の暴力からの保護を提供しているのだ、と。かれらは、政府が人びとに課す保護の対価〔税金や徴兵――引用者〕は、実際に保護にかかる費用よりも安いのだと主張する。保護にかかる費用が高いと文句を言う人びとのことを「非国民」とか「転覆者」呼ばわりし、時には両方の汚名を着せる。しかしここで、ゆすり屋 racketeer とは、自分で脅威を作り出し、そしてその脅威を減じてやるからお金を出せという者である、ということを考えておかねばならない。政府が、その市民を守ろうとしている脅威が架空のものであったり、実際には政府の活動が引き起こした結果であったりするならば、その政府とは「守ってやるぞ詐欺／保護の名のもとでの脅迫 a protection racket」を組織しているのだ。政府は通常、外部との戦争という脅威をシミュレートし、刺激し、ときにでっち上げたりさえする。また、政府の抑圧や税金の取り立てがしばしば市民の生活に対するもっとも大きな現実の脅威となる。そのため、多くの政府は本質的にゆすり屋と同じことを行っているのだ。もちろん、ひとつだけ違いがある。ゆすり屋は、慣習的な定義によれば、政府という神聖さなしに、ゆすりを働いているからだ。[6]（岡野訳）

以上の記述に、ある地域で飲食店や小売店を営業する者に対して、その地域の反社会的勢力から要求される、いわゆる「みかじめ料」のことを想起するひとがいるかもしれません。ここでいう protection racket とは、まさにそのみかじめ料のことなのです。そして、その反社会的な集団と政府が違うとすれば、政府には神聖さを帯びる力があるからだ、とティリーは看破するのです。のちに見ていくように、この神聖さを帯びる力とは、神話を創造し、それを伝播・拡散する力だと言い換えてもいいかもしれません。

この論考でティリーは、「保護 protection」という言葉に両義的な意味があることに着目しています。かれによれば、保護の第一の意味は、シェルターなど頑丈な建物の中にひとをかくまったり、あるいは心細く感じているひとに、しっかり声をかけたり寄り添ったりする人びとの力のことで、人びとの安寧を維持するということを含意します。これは、わたしたちが日常的に使用する保護という言葉の意味ではないでしょうか。それに対して第二の意味があります。protection を英和辞典で調べてみると——わたしは『リーダーズ英和大辞典』で調べてみました——、たしかに、第一の意味に加え、英語の口語表現として、自分の身や財産を守るために犯罪者たちに支払う代価という意味が出てきます。つまり、保護することには、ゆすりやたかりの口実としての防御といった意味があるのです。ティリーは、国家が遂行する戦争において、保護は後者の意味において有効性を発揮するといいます。そこで、前記のティリーからの引用の中でわたしは「守ってやるぞ詐欺」と訳すことにしました。

こうしてわたしたちが学ぶことは、戦争遂行はその手段、すなわち兵士となる男性、武器、食料、宿泊所、移動手段、そして何よりもそれらを購入するお金の徴発を強化させる。さらに、そのために徴発の能力を国家は高めなければならない。日本においても、現在の年金制度の原型である労働者年金保険制度ができたのは1941年、太平洋戦争に突入した年であることが象徴しているように、徴発のためには税の徴収機関、警察権力、裁判所、財務、経理、そして官僚組織を支えるための教育機関も整備されなければなりません。そして、「こうした構造すべてが、潜在的な競争相手や敵対者を監視した」[7]のです。

ティリーが分析する国家と戦争の関係から明らかなのは、わたしたち市民の福祉だけでなく、国民という存在自体が戦争遂行の副産物でもあり、国家による権利保障もまた、戦争遂行の途上で生まれた統治の術のひとつであったという、ひとりの個人としてみると、とても残酷な国家誕生の歴史です。

（4）Charles Tilly, *Coercion, Capital, and European States, AD 990- 1992*, Oxford: Blackwell, 1992.
（5）同右、p. 74.
（6）Charles Tilly, "War Making and State Making" in *Bringing the State Back In*, P. B. Evans, D. Rueschmeyer, and T. Skocpol (eds), Cambridge: Cambridge University Press, 1985, p. 171.
（7）同右、p. 183.

●実践される「脅しの政治」――２０１５年の集団的自衛権容認を振り返る

さて、少し長く引用したティリーの記述から現在の日本政治を振り返ってみると、かれの記述が20世紀以前の国家の姿について論じているのではなく、あたかもこの間の憲法９条をめぐる日本政府について説明しているかのように思えてこないでしょうか。ここで、今回の安保三文書の大前提となっている集団的自衛権の行使が、それまでの政府見解を翻す形で合憲であると政府が強弁した際のことを思い出してみましょう。

2014年5月15日、当時の安倍晋三首相は、総理記者会見の中で「内閣総理大臣である私は、いかなる事態にあっても、国民の命を守る責任があるはずです。そして、人々の幸せを願ってつくられた日本国憲法が、こうした事態にあって国民の命を守る責任を放棄せよと言っているとは、私にはどうしても考えられません」として、集団的自衛権行使に向けた憲法解釈の変更を含めた法整備を進めていくと宣言しました。この会見の中で首相は何度も「現実・現実的」「具体的」といった言葉に訴えました。(8)

では、どのような「現実」を安倍政権は想定したのでしょうか。具体例として政府は六つの類型を提示したのですが、そのひとつひとつについての反論は、柳澤協二さんが執筆された『亡国の安保政策』(岩波書店)に譲り、ここでは、首相会見の際に、さも具体的であるかのように示したフリップの事例、つまり「邦人輸送中の米輸送艦の防護」という事例について考えてみましょう。

このフリップには、朝鮮半島の有事から逃れるために米軍の輸送艦で日本へ帰還しようとする母親とその母親が抱く乳児、母親にしがみついた子が描かれていました。いかにも、集団的自衛権の行使がこうしたか弱い市民を守るかのように演出されていたのです。そして安倍首相は「皆さんのお子さんやお孫さんがその場所にいるかもしれない」と視聴者の恐怖を煽ります。

紛争から実際には離れて過ごすひとは、このフリップの絵に自己同一化し、米軍の輸送艦に乗っている気分になるかもしれません。しかしながら皮肉にも、あたかも具体的かのようなこのフリップは、国家安全保障という神話に頼ろうとする者は、戦争や紛争の被害にもっともさらされやすい市民の現実については、実は関心さえ払っていないことを暴露しています。

この記者会見を機に、その後の報道で周知の事実となったことがありました。すなわち、アメリカ合衆国が紛争時、政府として救出の対象とするのは、当然のことながら自国民であって、その後、余裕があれば英国やカナダなど優先順位の高い友好国の市民を救出していくのですが、その友好国に日本は入っていなかったという事実です。

こうした現実を日本政府は知っていたはずなのです。にもかかわらず、あのフリップを使用したのであれば、日本政府は政策決定の際に国民に嘘をついたとして、責任を厳しく問われるべきでした。あるいは、信じがたいことですが、もし知らなかったとすれば、日本政府は海外の自国民の救出について真剣に考えてこなかったという証左にほかなりません。いや何より、在外日本人の救出についてはこれまで幾度も議論になってきたはずであり、日本自身がすべきだという議論が積み重ねられてきたはずです。こうした事例の荒唐無稽さは、「そもそも、集団的自衛権とは、自国が砲撃されていない場合に他国を守るための根拠であるから、これを行使しなければ日本を守れないという『具体例』を考えだすことに無理がある(9)」と、当時より根本的な批判がなされていました。

さらに注意を要するのは、ひとの生命を武力によって守ろうとする者たちが、そのようなときにだけ、女性や子ども、そして高齢者といった社会的に弱い立場に置かれた者たちを守ってやると言いだすということです。たとえば、福島第一原発事故によって子どもの健康のために福島を離れた女性たちがいました。その避難者に、政府はどれほど支援をしたでしょうか。平時にできないことが、なぜ戦時になると可能なのでしょう。むしろ戦時になれば、戦争遂行という大義のために、わたしたち市民の生命が軽んじられることは、日本国憲法ができる以前の日本で経験されたことです(10)。

現在は戦前とは異なる政治が行われていると信じたいかもしれません。ですが、いま現在、自衛隊配備が強行されている南西諸島で、その狭い島々から住民が逃れる経路や装備についてはは後回しになっていること、あるいは、日本が戦場になると想定されるや自衛隊基地をまずは地下化する予定を立てていることなどは、いかに市民の生命が軽視されているかをよくあらわしているのではないでしょうか。

（８）２０１４年５月15日安倍内閣総理大臣記者会見 https://warp.ndl.go.jp/info:ndljp/pid/8833367/www.kantei.go.jp/jp/96_abe/statement/2014/0515kaiken.html（最終閲覧２０２３年３月１日）
（９）柳澤協二『亡国の安保政策――安倍政権と「積極的平和主義」の罠』岩波書店、２０１４年、63頁。
（10）たとえば、戦時中の空襲に対して「逃げるな守れ」という戦訓が幾度もくりかえされたり、最終的に都市の大空襲を前に政府が都市退去を禁止したりした戦前日本の歴史については、水島朝穂・大前治『検証　防空法――空襲下で禁じられた避難』（法律文化社、２０１４年）を参照。

3　個人の尊厳・ケアを中心とした政治へ――安全保障を問い直す

●安全保障という考え方が内包する矛盾(11)

そもそも、人命の保護とは、そのひとの安寧をしっかり守ること、そして守られてあることを実感できていることを意味しています。ロシアによる侵略戦争を目の当たりにして、戦争の悲惨さ、その甚大な破壊力に対して恐怖に慄《おのの》くのは当然の反応です。地続きのヨーロッパ大陸と異なり、海に囲まれた日本列島からは逃げることが甚だしく困難であり、また、狭い国土に原発を50基以上も抱えていることを真剣に考えれば、もし日本列島がそうした事態にさらされたらと想像するだけで、夜も眠れなくなるほどです。

軍事力はあくまで攻撃のためのものであり、万一にでも戦闘となれば、肉で覆われただけのわたしたちの脆弱な身体は一切なんの抵抗もできません。京都には原発はありませんが、15基の原発が林立し原発銀座と呼ばれる福井県に隣接していますから、戦争に備えるならばトマホークよりむしろ核シェルターをと叫びたくなります。

ところで、興味深いことに、「安全保障」の語源は、安全の名のもとに市民を配慮しない、こうした政府の態度を示してもいます。安全保障の英語 security は、securitas というラテン語に由来しています。そして、その語幹である cura は、英語の cure や care に相当しており、その前についている接頭語の se は「~のない」という否定を意味しています。

コロナ禍のなかで、エッセンシャル・ワークとしてのケアワークという言葉をよく耳にするようになって、ケアという言葉の意味も随分と周知されたように思います。ただ、ケアという言葉には「世話、気遣い、思いやり」といった肯定的な意味だけでなく、むしろ否定的なニュアンスのある「不安や懸念、気がかり」といった意味もあります。ですから、安全保障とは心配や不安のない状態を意味しているのですが、語源に忠実に考えてみると、ケアしなくてよいように、あらかじめ不安や懸念を根こそぎにしようとすることを意味しています。このことは、安全保障のジレンマにも通じる深刻な矛盾を、安全保障という考え方が孕《はら》んでいることを示しています。

たとえば、ティリーの記述にもあったように、戦争を準備する国はいくつもの戦争状態をシミュレートします。安倍首相の記者会見でのシミュレートは、おそらくティリーの批判が当てはまるような事例ですが、たとえば２０２３年1月に公表された米国シンクタンクのシミュレーション結果は、紛争による損失まで視野に入れている点で、より現実味を帯びているようにみえます。しかし、そこで示された損失は、あくまで米軍と自衛隊がどれほど多数の艦船や航空機を失うかに限定され、当然予想される市民の被害については言及がありませんでした(12)。なぜなのでしょうか。

安全保障の核心は、そもそもの不安の種を根こそぎにしておくことにあるわけですから、国内の戦争はそもそも生じてはならないものと想定されているからです。したがって、戦争による被害が考慮されるにしても、それは戦闘に加わる兵士が被る危害に限定されます。もし、国内において攻撃される一般市民の被害を考慮に入れるような作戦であれば、もはやそれは安全保障の論理からすると破綻していますし、敗北宣言にほかなりません。したがって、武力によって安全を保障しようとする結果、まさにケアのない、つまり戦争によって命を落とし、あるいは傷つき、大切なひとを失ったひとをどのように、いつまでケアするのかは考えないようにする、とても無責任な態度をとることになります。いま現在、〈攻撃されたらどうする！〉と恫喝しながら武器を買い込もうとする政治家に対して、〈本当に、どうするのですか？　被害が出たら責任をとれますか？〉と聞いてみてください。かれらは、〈だから戦力を増強するのだ！〉としか答えられません。被害が出ることは考慮されていないのです。目の前のウクライナでの被害を見ても、あるいはアフガニスタン、シリアなど、これほど多くの市民の被害を前にしても、なぜか自国では被害が出ないと信じているようなのです。かれらにとっては、だからこその抑止力（神話）なのですから。

21世紀に入ってからもわたしたちは、もう幾度も市民たちの戦争被害を目の当たりにしてきました。しかし、報道はじめ、戦後も終わらない戦争の傷跡についてはあまりにもふれられません。たとえば、フェミニスト国際政治学者であるフィオナ・ロビンソンは、やはりオックスフォード英語辞典の定義を参照しながら、安全 secure という言葉のもつ「失敗したり、負けたりしない、という確かさ、信念」という意味に注意を向けています。[13]彼女によれば、安全保障問題は、あたかも戦争を遂行している者たちのあいだで表層的に行われるかのように考えられてきました。しかし、戦闘員ではない市民の記憶や感覚にとっては、戦争とは、人間関係だけでなく土地や自然にまで広がるネットワークにも危害を与え、その修復には何十年もかかり、あるいはひとが生きている限り決して終わらないのです。だからこそ、取り返しのつかない危害は万一にも生じてはいけない、偶発的な衝突までをも未然に防ぐための努力と知恵こそが求められているのではないでしょうか。

安保三文書は、あたかもいま現在緊張が高まっているようにみえる台湾有事に対応して急遽閣議決定されたかにみえます。しかしながら、ここまで見てきたように、安保三文書は、それ以前から続けられてきた、日本国憲法に対する執拗な攻撃にその根をもっています。安保三文書が大前提にする集団的自衛権の行使が合憲であるという解釈は、すでに個別的自衛権の行使として解決されてきた事例や、あり得ない想定のもとでの日本の脅威をつくりあげようとする荒唐無稽な事例に基づいてなされました。

先にふれた、「ゆすり屋」と国家の違いが、後者が帯びる神聖さにあるというティリーの分析は、具体的には国家だけが（荒唐無稽な事例であっても）これこそが「現実」だと強弁できる拡散力、メディアをコントロールする力をもっていると言い直してもいいかもしれません。国家が頼ろうとするこうした神話は、民主主義国家においては、報道の自由や市民の知る権利が守られることで、神話としては通用しなくなります。ただ、第2章で望月さんが論じているように、日本ではその神話が神話としていまだ通用してしまう、とても危険な状態にあると言ってよいでしょう。

本章で論じてきたように、立憲主義と民主主義は共通して、わたしたちの生命・自由・財産を最大限保障する政治を実現するための法の位置づけにかかわっていました。安全保障という考え方そのものが矛盾を抱えていることはすでにふれましたが、安全保障は民主主義をめぐり、もうひとつ深刻な矛盾を抱えています。ティリーの分析からも、戦争をすることで発展してきた国家は、わたしたちが現在理解しているような民主主義とほど遠い存在であることがわかりますが、民主主義と安全保障のあいだには抜きがたい矛盾が存在しています。

安全保障は国家存立の唯一、あるいは最終的な目的とも考えられており、したがって安全保障問題は高度に政治的だと考えられています。ところが他方で、高度に政治的であり、国家の存亡にかかわるために、安全保障問題は一部の政治家や専門家に情報が握られ、究極的には国家機密という名のもとで、市民の目からはそのための知識も情報も見えなくされてしまいます。市民一人ひとりの尊厳と自由を最大限保障することを規定した日本国憲法が、安全保障問題の前で黙らされている現状は、こうした矛盾が噴出した状況なのだと言えるのではないでしょうか。

（11）安全保障という考え方をめぐる矛盾については、西洋政治思想の歴史を振り返りながら論じた拙論『『安全保障』を問い直す」（岡野『戦争に抗する――ケアの倫理と平和の構想』岩波書店、２０１５年）を参照。
（12）「台湾有事　民間の被害避けられないのに触れない米有名シンクタンクの机上演習」東京新聞、２０２３年１月18日 https://www.tokyo-np.co.jp/article/225802（最終閲覧２０２３年3月1日）。
（13）Fiona Robinson, *The Ethics of Care: A Feminist Approach to Human Security*, Philadelphia: Temple University Press, 2011, p.7.

●ゆすり・たかりの政治からケアする政治へ

では、こうした市民に対する戦争状態かのような、ティリーの言葉を再度使うならば「ゆすり屋」に似た政治に、わたしたちはいかに抵抗していけばよいのか、もちろん暫定的ですが、本章の最後に考えてみましょう。

ひとつには、そうしたゆすりとたかりによって戦争する国として大国化した日本帝国と決別するための、個人の自由を最大限尊重するような政治を求めていかなければならないでしょう。ただ、第1節に登場したのが哲学者たちであることからも、どうも立憲主義とか民主主義とか、自分たちの生活からは遠く感じてしまう人もいるかもしれません。もう政治にはうんざりしている人もいるかもしれません。とはいえ、個人の自由や権利を保障するために、人類の歴史が悲惨な過去を教訓に生み出した知恵である、そうした主義主張がこれほど明白に脅かされているのですから、やはりわたしたちは、いまこそ立ち上がる必要があるでしょう。では、そうしたたたかいをどこから始めるべきなのでしょうか。

わたし自身は、歴史的に高度に政治的な《ハイ・ポリティクス》領域から排除されつつ利用されてきてしまった領域、つまり「保護」の第一の意味としてわたしたちが理解しているような、ひとの命を守り、育み、寄り添ってきた領域から、いま声をあげるべきだと考えています。つまり、ウクライナ戦争ではなく、むしろすでに多くのひとの命が奪われた直近の経験であるコロナ禍での市民の働きや営み、経験を直視し、どうすれば一人ひとりの命と福祉と安寧を本来の意味で保護できる政治を今後確立していくかに、より多くの知恵を出しあうことです。

先に、安全保障の語幹はケアの語源と同じであることにふれました。つまり、一人ひとりの命を粗末にすることで、国や経済といった抽象的で神話的ともいえるシステムの生き残りをめざすのではなく、わたしたちが日々経験しているような他者、家族、友人、近隣、そして地域社会といった存在に対するケアがいかに実現されるか、いまどのようなケアが不足しているのかといった視点から、政治を見直していくという地道な作業が必要なのです。

日々のケアという営みと安全保障は、あたかも異なる領域に存在している、次元を異にする営為のように考えられてきました。しかし現在——コロナ禍での日本政府の対応の結果のひとつともいえるでしょう――ケアに奔走し、目の前のことだけにとらわれ、時間もなく疲弊している国民が少なくないとしたら、そうした事態を引き起こしている同じ政府が、武力に特化した安全保障問題をいまや第一の課題としていることが、決して偶然ではないことを真剣に受けとめるべきでしょう。

ケア不足と安全保障を武力の問題へと特化することには、個人の命を粗末にするという、わたしたちにとってはこれ以上ないほど重大な共通項があります。安全保障を国家間の問題ではなく、むしろそこに生きている人びとの、真の意味での安全を中心に再考しようとする研究として、批判的安全保障研究という分野が存在します。ここではその研究について紙幅の関係で詳しく論じることはできませんが[14]、その特徴として、ここでは三点にふれておきます。

第一に、この研究は安全保障問題を、目の前に自分たちを殲滅《せんめつ》しようとする敵が存在しているといった問題ではなく、むしろ強い政治力によって、特定の問題を安全保障上の問題だと指示する言語行為、一連のプロセスだと考えます。したがって、そうした行為を安全保障化という動名詞を使って表現します。原発は安全だという神話をつくる一方で、常に日本列島がねらわれているとして仮想敵国の存在を大々的に報道するのも安全保障化のひとつです。

第二に、批判的安全保障研究では、個人を安全保障の対象とすることで、人びとが何を不安に感じているのか、人びとが直接にどのような侵害、搾取、暴力に遭っているかに注目します。ですから、戦争もたしかに人びとの不安を煽りますが、貧困、教育の貧困、政治的抑圧も研究の対象となります。

最後に、こうした研究は、これまで国家中心、したがって男性中心であった国際関係論の中でも、日々の生活実践から生まれてきたフェミニズム理論との親和性が高いという特徴が挙げられます。本章の文脈において、その意義は次のように論じることができます。前節で、「女・子ども」という括《くく》りが、いかに男性たちの勇ましい拳と武力への耽溺《たんでき》のために利用されているかを指摘しましたが、実際には、女性たちは守られるべき存在ではなく、子どもたちを日々実際に守ってきた存在であることは、多くの人が了解していることではないでしょうか(女性たちに家事育児を任せてきた男性中心的な政治の良し悪しについては、ここではいったん脇に置いておきます)。多くの女性たちは力の限り、子どもの命と福祉を保護しようと日々それぞれ奮闘しています。その女性たちを、守ってやるぞとばかり弱者扱いすること、そこにはどのような意図が隠されているのでしょうか。

国際関係にはなぜ女性が不在なのかを１９６０年代から問い続ける国際政治学者アン・ティックナーは、「個人的なことは政治的である」というフェミニストの主張の重要性を次のように論じています。「戦争は、女性、子ども、そして典型的に『傷つけられやすい／攻撃を受けやすい vulnerable』と思われてきたその他のものたちを守るために闘われているという神話に、異議申し立てをしてきた」[15]。たとえば、そうした日常の知から生まれた異議申し立ては、米軍基地が集中する沖縄の女性たちの「軍隊は市民を守らない」という訴えの中に聞くことができます。

政治の世界、そして政治学という長い学問的伝統は、あたかも安倍首相が会見で示したフリップのように、母子を単に守る対象として、しかも往々にして人質にとるかのように、彼女たちの名のもとで武力行使を正当化してきました。他方で既存の政治は、日々小さな子どもや、あるいは高齢者への対応のなかで、暴力の誘惑に抗しながら傷つきやすい存在をケアしてきた多くの女性たちやケアを担う人たちの営みを軽視、もしくは侮蔑さえしてきました。

戦下では、社会の中で傷つけられやすい立場におかれた者たちだけが傷つくのではなく、身を削り、時間と労力をかけてそうした人たちを保護してきた人たちをも傷つけます。そうした事実は、人びとが真に保護されるには、武力よりもわたしたちに何が必要かを明らかにしてくれるでしょう。

最後に、こうしたケアを担ってきた女性たちの経験を聞き取り、ケアの倫理研究という分野の嚆矢《こうし》ともなったキャロル・ギリガンの『もうひとつの声で』（風行社）から、国家間紛争を考える際にも通じる暴力についての考え方を紹介しておきます。これは、暴力がいつ、どのように生まれるかというイメージをめぐって男女に違いがみられることについて、ギリガンがそれを分析したものです。

ケアの活動とは、攻撃性の範囲を制限する規則を導き出すことによってではなく、むしろ孤立を回避し、攻撃を予防することによって、この実社会を安全なものにしていこうとする活動である。この考え方に照らしてみると、攻撃性はもはや、蓋をするべき手に負えない衝動ではなく、つながりが砕けた印、あるいは関係性の失敗の印であると理解できる。(16)

これほど深く傷つけられ続けた人類の歴史を前に、国内社会にとどまらず、国際社会から暴力の発生や連鎖をなくすためには、見捨てられている、関心をもたれていない、そうした状況に対して身近なところから変革していくことから、わたしたちは政治を再構築しているときに来ています。

最後に、くりかえしを恐れずに言うならば、これまでの歴史が示してきたのは、戦争を準備する国家とは、わたしたちの日々の関心や営みに込められた目的そのもの——生命・身体、自由、財産——を国家の道具へとすりかえようとする国、わたしたち市民に戦争をしかけている国だということでした。つまり、わたしたち市民にとっての戦争は、もう始まっているというのは言い過ぎでしょうか。いや、そうではないと思います。いま戦後日本ではじめて、誰とも取り換えがきかない一人ひとりの価値である尊厳と自由が、これほど危機におちいっているのですから。

いま、わたしたちが住むそれぞれの地域で、すでに命の危険を察知した市民が声をあげているはずです。立憲主義も民主主義も、自由な市民たちが主役であることが大前提です。市民が立ち上がり、自由、そして命を守れと声をあげてこそ、本来の政治が始まります。生活が苦しい、仕事と家庭の両立が大変、時間がない——そうした悩みも、自由が侵害されていることのひとつのあらわれです。

本書を手に取った方々が、一人ひとりの自由を求めてつながり、「脅しの政治」は間違っていることを、みなで示していけることを願ってやみません。戦争を準備するのではなく、わたしたちがよりよくケアしあえる諸制度こそを、日本はいま整えはじめるべきなのです。

（14）批判的安全保障研究については拙稿「批判的安全保障とケア――フェミニズム理論は『安全保障』を語れるのか?」『ジェンダー研究』第22号（通巻39号）参照。https://www2.igs.ocha.ac.jp/gender/gender-39/

（15）Ann J. Tickner, "Feminist Responses to International Security Studies," *Peace Studies*, 16/1, 2004, p. 45.

（16）キャロル・ギリガン『もうひとつの声で――心理学の理論とケアの倫理』川本隆史・山辺恵理子・米典子訳、風行社、2022年、134頁。

あとがき

しばしば欧米の政治学者たちのあいだで、日本は「ポピュリズムがない国」と呼ばれてきました。たしかに、ここ数年の欧米先進国の政治状況を顧みれば、アメリカのトランプ政権誕生やイギリスのEU離脱など、既存の政治への民衆の不満を背景に「民衆のための政治を取り戻す」と謳うポピュリスト政治家が誕生し、大きな政治変動を生み出してきました。対して日本は、自民党の長期政権が続いています。こうした現状を「先進国では例外的な政治的安定」として称賛する向きもあります。なんだかんだ批判されても、結局のところ自民党の政治運営は多くの人々を満足させている、受け入れられている、というのです。これは本当でしょうか。

世論調査を見る限り、いまの政治に満足している日本国民の姿は見えてきません。各紙の世論調査（朝日2022年12月19日、日経12月26日、毎日2023年1月22日）によると、岸田政権が防衛費増額を閣議決定した直後、支持率は過去最低の31％に急落し、不支持率は57％を記録しました。防衛費の増額については、賛成（46％）と反対（48％）で拮抗しましたが、それにともなう増税については反対（66％）が賛成（29％）を大きく上回りました。防衛増税についての岸田首相の説明に関しては「不十分」と回答する人が84％に達しました。また、8割近くの人が、増税するならば選挙で信を問うべきだとも回答しています。その後内閣支持率は少し持ち直し、低位で安定しています。

こうした状況は、「政治的安定」として称賛できる状況ではまったくないでしょう。ポピュリズムの嵐が吹き荒れる欧米の政治状況も困りものですが、市民の政治への不満は高まっているのに「無風」のままの日本の政治も困りものです。人々は、市民の声を反映しない政治に不満や閉塞感を覚えつつも、どのような方向の変化ならば起こせるのか、政治の刷新に向けてどのような人々と手を携えるべきかがわからず、結局、現状に甘んじてしまっているようです。「政治とはそういうものだ」と諦め、耐え忍ぶことを選んでしまっているのです。こうした諦めや絶望こそが、いまの日本政治を特徴づけているといえます。

たしかに岸田首相は、民衆に迎合するポピュリスト政治家ではありません。しかし、それは称賛されるべきことでは決してありません。就任にあたり「聞く力」を政治家としての長所として挙げた首相はいまや、低い支持率にあらわれた国民の不満に耳を傾けない「聞かない」政治家になっています。通常は内閣支持率が下がると、国民の不満に対応しようとして政策の修正が図られるものですが、岸田政権の動きは鈍いままです。それどころか今回の防衛増税のように、国民の反対の声が大きく、実施すれば支持率を確実に落とすような政策でも、気にすることなく実施してしまう。「どうせ内閣支持率が低いのだから、重要な政策転換をいまのうちにやってしまおう」――そうした雰囲気すら漂っています。政権への不満が高まっても、次の国政選挙までには国民は忘れると楽観しているのです。

残念ながら、こうした政権の楽観が的外れとは言えない現実があります。内閣支持率が下がっても野党の支持率が上がらず、自民党の政党支持率は堅調です。NHKが3月10日から3日間、全国の18歳以上を対象に行った世論調査によると、岸田内閣を「支持する」と答えた人は、先月の調査より5ポイント上がって41％だったのに対し、「支持しない」と答えた人は1ポイント下がって40％となり、7か月ぶりに支持が不支持を上回りました。支持する理由は上位から、「他の内閣より良さそうだから」47％、「支持する政党の内閣だから」27％となりました。他方、「支持しない」と回答した人が挙げた理由は「政策に期待が持てないから」が43％でトップとなりました。現政権を支持している人たちも、政策に期待しているわけではなく、「いまより悪くなるよりは」と現状維持を志向しているのです。そして、現政権の政策に不満を持つ人々の声は、政権交代などの政治の変動になかなか結びつきません。

こうした政治状況に絶望を感じる人もいるでしょう。しかし、現状の問題をきちんと理解し絶望することは、次の行動への大事なステップになります。いえ、すべきです。

政治に不満はあっても、変化を求めて声を上げることもなく、投票にも行かない。こうした人々が多数派であることを背景に、政権側も国民の不満や不安をしっかり受けとめようとせず、岩盤支持層に受けがいい政策を追求する。つまり、変化を求めて行動に出ない市民がいまの政治を支えているのです。広範な市民ではなく岩盤支持層にターゲットを見定める政治は、米国など他の先進国にもみられるものですが、これだけ世論調査で不満が示されながら、政権や指導者の交代の兆候すらない政治はめずらしいといえます。日本はいま、民主主義国として危機的な状況にあるといえるのではないでしょうか。

民主主義を取り戻すためにどうすべきでしょうか。正直なところ、私たちにその道がはっきりと見えているわけではありません。回復には相当な時間もかかるでしょう。しかし、声を上げなければ何も始まらない。2023年1月19日の緊急シンポジウムはそうして実現しました。私たちの声が広く届き、多くの市民が日本の未来と世界平和について考える契機となることを切に願っています。

呼びかけに応じてシンポジウムに登壇してくださったみなさま、耳を傾けてくださったみなさま、私たちの声を本にしてより多くの方々に届けようと提案くださった大月書店のみなさま、とりわけ編集の全般を取り仕切ってくださった岩下結氏に深い感謝を捧げます。平和と人権の大事さを、多様な出版物で伝えてきた大月書店から本書を刊行できることを心から嬉しく思います。

三牧聖子

著者（50音順）

岡野八代（おかの　やよ）

1967年生まれ，同志社大学グローバル・スタディーズ研究科教授（西洋政治思想史・現代政治理論）。著書に『フェミニズムの政治学』（みすず書房），『戦争に抗する』（岩波書店），『ケアするのは誰か？』（共著，白澤社），共訳書に『ケア宣言』（大月書店）ほか。

志田陽子（しだ　ようこ）

1961年生まれ，武蔵野美術大学造形学部教授（憲法学），東京都立大学システムデザイン学部客員教授。著書に『表現の自由の明日へ』（大月書店），『文化戦争と憲法理論』『映画で学ぶ憲法（１・２）』（編著，いずれも法律文化社），『あたらしい表現活動と法』（編著，武蔵野美術大学出版局）ほか。

布施祐仁（ふせ　ゆうじん）

1976年生まれ，フリージャーナリスト。著書『ルポ　イチエフ』（岩波書店）で JCJ 賞，平和・協同ジャーナリスト基金賞大賞，『日報隠蔽』（共著，集英社）で石橋湛山記念早稲田ジャーナリズム大賞を受賞。他の著作に『経済的徴兵制』『自衛隊海外派遣　隠された「戦地」の現実』（ともに集英社新書），『日米同盟・最後のリスク』（創元社）など多数。

三牧聖子（みまき　せいこ）

1981年生まれ，同志社大学グローバル・スタディーズ研究科准教授（アメリカ外交史）。著書『戦争違法化運動の時代』（名古屋大学出版会）でアメリカ学会清水博賞を受賞。他の著作に『歴史の中のアジア地域統合』（共編著，勁草書房），『E. H. カーを読む』（共編著，ナカニシヤ出版）など。

望月衣塑子（もちづき　いそこ）

1975年生まれ，東京新聞記者。東京地検特捜部などを担当し事件取材に携わる。経済部などを経て社会部遊軍記者として武器輸出，軍学共同，森友・加計問題などを取材。『新聞記者』『武器輸出と日本企業』（ともに角川新書）ほか著作多数。

装幀　宮川和夫事務所

日本《にほん》は本当《ほんとう》に戦争《せんそう》に備《そな》えるのですか？
――虚構の「有事」と真のリスク

2023年4月15日　第1刷発行　　定価はカバーに
2023年5月30日　第2刷発行　　表示してあります

著　者　岡野八代・志田陽子
布施祐仁・三牧聖子
望月衣塑子

発行者　中川　進

〒113-0033　東京都文京区本郷2-27-16

発行所　株式会社　大　月　書　店　　印刷　太平印刷社
製本　中永製本

電話（代表）03-3813-4651　FAX 03-3813-4656　振替 00130-7-16387
http://www.otsukishoten.co.jp/

ISBN 978-4-272-21129-6　C0031　Printed in Japan